COLLECTION
FOLIO THÉÂTRE

Marivaux

Le Petit-maître corrigé

*Édition présentée,
établie et annotée
par Henri Coulet et Michel Gilot*

Gallimard

Édition dérivée de la Bibliothèque de la Pléiade

© *Éditions Gallimard, 1994 et 2016.*

PRÉFACE

On disait au début de 1733 que Marivaux était candidat à l'Académie française. Est-ce le soin de sa dignité qui lui fit écrire une nouvelle comédie pour le Théâtre-Français, plus prestigieux que le Théâtre-Italien ? C'est en tout cas le souvenir de l'échec essuyé à ce Théâtre-Français en juin 1732 par Les Serments indiscrets *qui explique pourquoi Marivaux songea à publier* Le Petit-maître corrigé *avant même de le faire représenter, pourquoi la représentation se fit attendre un an et neuf mois et pourquoi la publication fut plus tardive encore. La comédie fut approuvée par le censeur Jolly le 4 février 1733 : c'est la seule pièce que Marivaux ait proposée à la censure de la librairie avant de l'avoir fait représenter sur un théâtre. Les Comédiens-Français la reçurent le 21 septembre 1734, l'autorisation de la jouer fut signée le 30 octobre par Hérault ; la première représentation, le 6 novembre, fut sifflée ; à la seconde représentation, le lendemain, la pièce tomba définitivement. Prault père la publia seulement en 1739, avec le visa de Jolly vieux de six ans et un privilège daté du 16 mars 1736, valable six ans pour plusieurs ouvrages, parmi lesquels* Le Petit-maître corrigé *n'était pas nommé.*

Hortense, fille d'un comte, doit incessamment épouser Rosimond, fils d'une marquise, venu avec sa mère pour le mariage dans la propriété de campagne du Comte. Mais Hortense est inquiète : elle n'épousera Rosimond que si, avec l'aide de sa suivante Marton, elle parvient à le corriger de ses ridicules façons de petit-maître et à lui faire avouer qu'il l'aime. Frontin, valet de Rosimond et jusqu'alors zélé imitateur de son maître, est promptement converti à la raison par Marton et devient l'allié d'Hortense, qui demande à Rosimond de différer le mariage. La comtesse Dorimène, avec qui Rosimond a « une petite affaire de cœur », accourt pour empêcher ce mariage, après s'être annoncée par une lettre assez fâcheuse que Rosimond a fâcheusement perdue. Dorimène est accompagnée d'un certain Dorante, que Rosimond, selon son principe de ne jamais être amoureux ni jaloux, autorise à courtiser Hortense. Sommé par Dorimène de choisir entre elle et Hortense, Rosimond se dérobe, et essaye encore de se dérober quand le Comte et la Marquise lui demandent de s'expliquer sur la lettre perdue, qui leur a été rapportée. La Marquise renie son fils ; Dorimène, qui se prétend compromise par le scandale, exige le mariage ; Rosimond désemparé obtient un entretien d'Hortense, mais s'y exprime encore en petit-maître ; et Hortense est tout près de rompre.

Frontin et Marton font enfin prendre à Rosimond conscience de sa sottise : il demande pardon à Hortense, renonce à elle parce qu'il se juge indigne de l'épouser, et a le courage de lui déclarer qu'il l'aime en présence de Dorimène. Cet aveu, auquel il s'était jusqu'alors refusé, amène l'heureux dénouement.

Y eut-il une cabale contre la pièce ? Peut-être, puisqu'une cabale, suscitée par Voltaire, avait provoqué la chute des Serments indiscrets *deux ans auparavant. Comme Crébillon avait parodié dans* L'Écumoire *le style de* La Vie de Marianne *et que Marivaux lui avait répondu dans la quatrième partie du* Paysan parvenu, *F. Deloffre a supposé que l'instigateur d'une cabale avait pu être Crébillon[1] ; la querelle était toute récente, le texte de Crébillon datait de juillet, celui de Marivaux n'avait pas paru avant octobre : mais aucun témoignage contemporain qui confirme le rôle de Crébillon n'a été retrouvé.*

Nous citerons après Frédéric Deloffre[2] la lettre de Mlle de Bar à Piron, où est décrit l'accueil fait à la comédie par le public ; il est clair qu'on ne trouvait dans Marivaux que ce qu'on voulait y trouver et que le jugement sur la pièce était arrêté avant même le lever du rideau :

Le Petit-maître, dont vous me demandez des nouvelles, a été traité et reçu comme un chien

---

1. Marivaux, *Théâtre complet*, éd. F. Deloffre, Classiques Garnier, 1968, t. II, p. 157.
2. *Ibid.*, p. 156.

dans un jeu de quilles. En vérité, je commence à croire que le pauvre Marivaux radote, et qu'ainsi que le monseigneur l'archevêque, il aurait grand besoin d'un Gil Blas qui lui conseillât de ne plus composer d'homélies : car ce qu'il a donné sous le titre du *Petit-maître* n'a nullement les qualités nécessaires pour être appelé comédie. C'est un fatras de vieilles pensées surannées qui traînent la gaîne depuis un temps infini dans les ruelles subalternes et qui, partant, sont d'un plat et d'une trivialité merveilleuse. Enfin, il n'y a ni conduite, ni liaison, ni intérêt ; au diable le nœud qui s'y trouve ! Il n'y a pas la queue d'une situation. On y voit trois ou quatre conversations alambiquées à la Marivaux, amenées comme Dieu fut vendu, et tout le reste à l'avenant ; en un mot, il n'y a pas le sens commun. Aussi le parterre s'en est-il expliqué en termes très clairs et très bruyants ; et même ceux que la nature n'a pas favorisés du don de pouvoir s'exprimer par ces sons argentins qu'en bon français on nomme sifflets, ceux-là, dis-je, enfilèrent plusieurs clés ensemble dans le cordon de leur canne, puis, les élevant au-dessus de leurs têtes, ils firent un fracas tel qu'on n'aurait pas entendu Dieu tonner : ce qui obligea le sieur Montmeny de s'avancer sur le bord du théâtre, à la fin du second acte, pour faire des propositions d'accommodement, qui furent de planter tout là et de jouer la petite pièce. Mais vous connaissez la docilité, la complaisance, la douceur du bénin et accommodant parterre. Il se mit à crier à tue-tête qu'il voulait et qu'il ne voulait pas ; puis il voulut enfin. Il fallut passer par ses baguettes avec toute la rigueur possible ; mais admirez ce que c'est que d'aller au feu ! cela aguerrit. L'auteur et les comédiens prirent apparemment goût à cette petite guerre-là, puisque dimanche ils s'escrimèrent encore avec le divin parterre, qui, de son côté, fit de si hauts faits d'armes, qu'il mit à fin l'aventure. *Requiescant in pace*[1].

En somme Mlle de Bar reproche à la comédie du Petit-maître corrigé *la banalité du fond et l'imperfection de la forme, et ces reproches ont quelque apparence de raison. Comme comédie de mœurs,* Le Petit-maître corrigé *manque d'énergie dans la satire ; le* Dom Juan *de Molière, le* Turcaret *de Lesage,* Le Chevalier à la mode *de Dancourt,* Le Glorieux *de Destouches faisaient mieux apparaître le milieu social dans lequel se développait l'action et caractérisaient de façon plus vigoureuse le principal personnage. Mlle de Bar juge que la pièce n'a « ni conduite ni liaison » parce qu'en effet les situations clés semblent éludées chaque fois qu'elles vont se nouer : on attend la douzième scène de l'acte I pour voir enfin Hortense et Rosimond face à face, mais l'entretien laisse tout en suspens quand l'arrivée de Dorimène et de Dorante l'interrompt. Ce Dorante est un personnage trop faiblement ébauché pour qu'on le croie capable d'un rôle décisif dans l'intrigue ; le second tête-à-tête d'Hortense et de Rosimond tourne court : « Monsieur, je n'ai pas le temps de vous*

---

[1]. *Œuvres inédites de Piron (prose et vers) accompagnées de lettres également inédites, adressées à Piron par Mlles Quinault et de Bar* publiées par Honoré Bonhomme, Paris, Poulet-Malassis et de Broise, 1859, p. 119-121.

répondre ; on approche[1]. » *On ne comprend pas qu'Hortense persiste à s'intéresser à un garçon que Marton tient pour «* incurable[2] *» et un dénouement à la Dancourt (ou à la Lesage) où tous les personnages seraient déçus, les uns tristement, les autres ridiculement, pourrait paraître moins factice que le retournement soudain et désespéré de Rosimond. Il faut dire aussi qu'Hortense n'a ni les folles audaces, ni les moments de désarroi, ni les mouvements de sensibilité qui rendent si attachantes la Silvia du* Jeu de l'amour et du hasard, *l'héroïne de* La Fausse Suivante, *la Léonide du* Triomphe de l'amour *et l'Araminte des* Fausses Confidences. *Les rôles de Marton et de Frontin ont sinon plus de relief, du moins plus d'effet apparent sur l'avancement de l'action.*

C'est qu'une fois de plus Marivaux exige beaucoup du spectateur et ne s'écarte jamais, pour quelque facilité que ce soit, de la logique qui commande à l'intrigue et aux caractères. Le point important, dont tout découle, est que Rosimond n'est pas un vrai petit-maître ou n'est qu'un tout petit petit-maître. Frédéric Deloffre, qui a fait l'historique de ce type social et l'inventaire presque complet des œuvres théâtrales où il a figuré entre 1685 et 1837, a remarqué que Marivaux a débarrassé le petit-maître Rosimond « de tous les traits qui lui appartiennent traditionnellement, mais qui en voilent la vraie

---

1. Acte II, sc. IX, p. 108.
2. Acte III, sc. V, p. 133.

nature. Rosimond ne sera ni buveur, ni joueur, ni bretteur, et s'il hante les coulisses, s'il se parfume de tabac d'Espagne, nous n'en saurons rien[1]. » *Mais dire que* « *la vraie nature du petit-maître* » *est une fragile* « *façade d'affectation* », *c'est dire que le petit-maître est un personnage inconsistant* : « *la futilité et l'inanité composent l'essentiel de son caractère* », *écrit Philippe Laroch, qui lui oppose le dangereux roué*[2]. *En vérité, la distinction entre petit-maître, roué, libertin, homme à bonnes fortunes n'est pas toujours évidente, et le petit-maître du temps de Condé poussait la férocité et les mauvaises mœurs assez loin. Même si le petit-maître du temps de Marivaux ne connaît pas les formes les plus accusées du libertinage, immoralisme, cynisme, athéisme, mépris pour la souffrance des faibles, mépris pour les femmes, il y a encore bien des vices et des travers qui le signalent et qui n'apparaissent pas chez Rosimond* : *non seulement celui-ci n'est* « *ni buveur, ni joueur, ni bretteur* », *mais il n'est non plus ni médisant, ni accablé d'ennui, ni grossier, ni persifleur, ni dissipateur, ni méchant, ni coureur de dots, ni débauché : combien de comédies dont le principal personnage incarnait l'un de ces traits, auquel elles devaient souvent leur titre ! On peut*

---

1. Marivaux : *Le Petit-maître corrigé*, texte publié avec introduction et commentaire par Frédéric Deloffre, Genève-Lille, Droz et Giard, 1955, p. 127.
2. Philippe Laroch, *Petits-maîtres et roués, Évolution de la notion de libertinage dans le roman français du XVIIIe siècle*, Québec, Les Presses de l'université Laval, Québec, 1979, p. 157.

supposer qu'il est coquet, parce qu'une allusion est faite incidemment au temps qu'il lui faut pour s'habiller, mais on ne voit jamais sa coquetterie en action. Enfin, ce n'est pas un séducteur : il est charmant et ne joue pas de son charme ; il laisse croire qu'il a de nombreuses maîtresses, mais Frontin sait ce qu'il en est : « [...] si je n'avais dit que la vérité, il aurait peut-être fallu les supprimer toutes[1] » ; en quoi Rosimond est semblable à bien d'autres fats, à « ces petits-maîtres gorgés de bonnes fortunes, et qui ne peuvent pourtant se vanter que de mesdames*** et de quelques filles d'opéra[2] », et il est probable qu'il ne pourrait même pas se vanter d'autant. Ce qui le caractérise comme petit-maître, c'est qu'il se conforme inconditionnellement à ce qu'il appelle « le monde » : l'opinion du monde est sa raison, les préjugés du monde sont sa loi, l'appartenance au monde est sa justification. Il suffit que Dorante soupçonne en lui des « sentiments bourgeois » pour qu'il s'indigne : non, il ne s'inquiète pas de ce que sa future femme pourra penser de son intrigue amoureuse, il n'est pas jaloux et il ne voit pas d'inconvénient à ce que Dorante aime Hortense si elle l'« amuse », il n'est pas sensible aux reproches de sa mère, et fort de ces dénégations, il demande à Dorante : « Êtes-vous bien sûr au moins que je

---

1. Acte I, sc. VII, p. 51.
2. Crébillon fils, *Lettres de la duchesse de*** au duc de****, lettre XXVII, citée par P. Laroch, *Petits-maîtres et roués [...]*, p. 64, n. 27.

pense comme il faut[1] ? » Certain de « *penser comme il faut* », il ne comprend pas qu'Hortense soit indignée contre lui, et à Frontin qui lui explique que ses manières de « *petit agréable* » le perdent auprès d'elle, il objecte : « *Mais, Frontin, je sors du monde ; y étais-je si étrange[2] ?* »

Comme le snob Legrandin de Proust qui « tonnait contre le snobisme[3] » et ne savait pas qu'il était snob lui-même, Rosimond, ignorant qu'il est un petit-maître ridicule, parle et se conduit en petit-maître même quand il dénigre le comportement de Dorimène comme celui d'une femme « singulière », d'« une manière de petit-maître en femme[4] », ou quand il se flatte d'avoir donné à Hortense « quelque preuve de délicatesse de sentiment », dans la scène V de l'acte III[5], où les traits satiriques de Marton lui échappent totalement. Ses naïvetés le sauvent : il est très jeune, il est entièrement soumis à l'influence pernicieuse de ceux qu'il tient pour ses maîtres et ses amis, Dorante et Dorimène.

Dorante est un personnage effacé ; il sert surtout à inquiéter Rosimond et à favoriser le jeu d'Hortense ; mais quand il assure n'avoir pas en galanterie l'expérience de Rosimond et n'être « là-dessus qu'un écolier qui n'a rien vu[6] », il parle par artifice :

1. Acte II, sc. III, p. 81.
2. Acte III, sc. VIII, p. 140.
3. *Du côté de chez Swann*, « Combray ».
4. Acte II, sc. IX, p. 108.
5. P. 133.
6. Acte II, sc. III, p. 84.

il flatte la vanité qui doit empêcher Rosimond de reconnaître combien il tient à Hortense. Le jugement de Dorante est capital pour Rosimond, c'est le jugement même du monde. L'ignorance où nous sommes des rapports réels de Dorante avec Dorimène, des circonstances qui l'ont fait accompagner Dorimène chez le Comte, de sa fortune et de son état, ne nous le rend que plus suspect. Il est le seul explicitement sanctionné au dénouement, puisque Dorimène disparaît sur un éclat.

Si le petit-maître n'est pas seulement un évaporé, si sa vocation est la noirceur, Dorimène est le vrai petit-maître de cette comédie. Elle connaît l'ennui, elle le redoute et y remédie non seulement par la médisance, mais par le plaisir de nuire et de semer le désordre : « [...] j'aime à déranger les projets, c'est ma folie [...][1]*» Elle ne prétend épouser Rosimond que pour s'assurer qu'il n'épousera pas Hortense et pour le punir de ses hésitations à rompre. Elle le prend au piège de ses principes affectés : « [...] me voilà pourtant obligé d'épouser cette folle de Comtesse [...]*[2]*» Cette « folie », plusieurs fois relevée par les personnages et revendiquée par elle-même, est ce qui la retient de faire systématiquement le mal comme le fera, dans* Les Liaisons dangereuses, *la marquise de Merteuil. En face d'elle, Rosimond est incapable de résistance ; il n'ose pas dire ses intentions, lui demande des délais et se dit la victime des*

1. Acte II, sc. II, p. 77.
2. Acte II, sc. XIII, p. 120.

arrangements de sa mère : « [...] vous êtes un petit garçon bien obéissant[1] *», lui rétorque-t-elle.*

Ce n'est pas à sa mère qu'il obéit, c'est à son amour secret pour Hortense, amour qu'il a honte de reconnaître et qu'il n'a pas le cynisme de trahir. Mais il est de tout le théâtre de Marivaux le seul personnage principal masculin qui ait une mère. La Marquise a quelque ressemblance avec ces Mme Argante que Marivaux fait apparaître dans ses comédies italiennes depuis L'École des mères ; *son amour maternel est aveugle, à moins que son fils n'ait jamais osé parler devant elle en petit-maître, car elle croit qu'il « n'a nulle part à de pareilles extravagances*[2] *» ; elle est indiscrète quand elle interroge Marton, quand elle essaie de faire intervenir Dorante ; tyrannique, quand elle déshérite son fils parce qu'il résiste à un mariage sur lequel elle ne l'avait pas d'abord consulté ; et faible et contradictoire, puisqu'elle finit par accepter l'idée extravagante et déplorable de son mariage avec Dorimène. Il est tentant aussi de voir quelque analogie entre Rosimond et les Angélique, Araminte, Constance*[3] *dont les rapports avec leurs mères vont de l'opposition affectueuse à la rébellion ouverte. À côté des petits-maîtres sauvages (dont Van Effen dit qu'ils « mettent le bon air dans une souveraine*

---

1. Acte II, sc. VI, p. 93.
2. Acte I, sc. IV, p. 42.
3. Angélique dans *L'École des mères, La Mère confidente, L'Épreuve, Les Acteurs de bonne foi* ; Araminte dans *Les Fausses Confidences* ; Constance dans *La Joie imprévue*.

brutalité[1] »), *il y avait les petits-maîtres efféminés, ceux qui, selon* Le Spectateur anglais *bien connu de Marivaux,* « *ne sont pas faits pour les emplois mâles* » *et* « *se voient souvent exposés aux vapeurs aussi bien que les Dames*[2] ». *Sans nous aventurer dans une explication pseudo-psychanalytique de ce qui n'était qu'une attitude dictée par la mode, nous pouvons penser que Rosimond, même s'il a un* « *rang* » *et du* « *crédit à la cour*[3] », *est encore trop jeune pour avoir l'autonomie morale et la connaissance de soi qui auraient fait de lui un homme.*

C'est en fonction du caractère ainsi posé que sont conçus les autres personnages : les parents, la Marquise mère de Rosimond et le Comte père d'Hortense, représentent le bon sens, la prudence, alarmés devant la jeunesse désordonnée, mais capables d'indulgence, sinon de compréhension (à Hortense, qui convient que Rosimond est aimable, mais objecte qu'il a « *bien de la jeunesse dans l'esprit* », *le Comte répond :* « *Et à quel âge voulez-vous qu'on l'ait jeune*[4] *?* ») ; *Hortense elle-même, un peu en retrait, inquiète de ne pouvoir faire tomber le masque derrière lequel elle devine un* « *honnête homme* », *et se demandant*[5] *si elle a raison de pour-*

---

1. Van Effen : *Le Misanthrope*, VIe discours (réédition, La Haye, 1726, t. I, p. 43).
2. *Le Spectateur ou le Socrate moderne*, traduit de l'anglais, XXIIIe discours (rééd. Robustel, Paris, 1754, t. VI, p. 174).
3. Acte I, sc. X, p. 59.
4. Acte I, sc. X, p. 59.
5. Acte III, sc. I, p. 122.

suivre une épreuve périlleuse dont l'issue pourrait être une rupture avec un homme qu'elle aime ou le mariage avec un ridicule ; Dorante et Dorimène, dont nous avons dit le rôle ; les domestiques enfin, actifs, intelligents, vrais meneurs du jeu, Marton surtout qui pousse sa maîtresse à persévérer dans sa manœuvre et lui force presque la main, Marton, la suivante la plus spirituelle et la mieux disante qu'ait créée Marivaux : c'est à Marton d'abord que Rosimond avoue son amour pour Hortense, ce sont les domestiques qui l'amènent enfin à la raison, dans les scènes VIII et IX de l'acte III, et qui rendent possible son long transport de repentir de la scène X. Ce transport ainsi préparé n'est nullement invraisemblable, mais sa violence, son lyrisme, le renoncement, la contrition, l'humiliation qu'il fait éclater seraient aussi bien à leur place dans la bouche de celles qu'on appelle « les jeunes filles de Marivaux »...

La pièce est méticuleusement construite, mais le caractère de Rosimond, incertain sur lui-même, ballotté entre des penchants contradictoires, interdisait les grands effets de théâtre, sauf au dénouement. L'action semble ne pas avancer, et pourtant l'étau se resserre sur Rosimond de scène en scène ; son mariage absurde avec Dorimène devient de plus en plus inévitable, du fait de sa propre vanité d'abord, puis de la réparation d'honneur que réclame Dorimène, puis de l'impatience qui arrache à Hortense excédée des paroles extrêmement dures pour Rosimond, enfin de l'accord donné par le Comte au mariage de sa fille avec Dorante. Si l'on compare Le Petit-maître corrigé *au* Glorieux, *dont Marivaux s'est certainement souvenu, si même il n'a pas songé à opposer sa pièce à celle de Destouches, on est frappé par la sobriété de l'intrigue et la densité des répliques apparemment les plus simples.*

HENRI COULET
et MICHEL GILOT

NOTE SUR LE TEXTE

Nous reproduisons ici le texte de l'édition originale, parue chez Prault père en 1739 (120 pages), dont nous avons seulement modernisé la graphie ; la syntaxe originale est respectée ; la ponctuation aussi sauf risque d'obscurité ou de confusion.

Nous n'avons pas repris pour cette édition de poche les notes de variantes qui figurent dans le *Théâtre complet* de Marivaux, paru dans la Bibliothèque de la Pléiade (Gallimard, t. II, 1994, édition d'Henri Coulet et Michel Gilot) où elles pourront être consultées.

L'édition critique du *Petit-maître corrigé* par Frédéric Deloffre (Genève-Lille, Droz et Giard, 1955) nous a été très utile.

Le Petit-maître corrigé

*Comédie en trois actes, en prose,
Représentée pour la première fois
par les Comédiens-Français
le samedi 6 novembre 1734*

ACTEURS[1]

LE COMTE, père d'Hortense.
LA MARQUISE.
HORTENSE, fille du Comte.
ROSIMOND, fils de la Marquise.
DORIMÈNE.
DORANTE, ami de Rosimond.
MARTON, suivante d'Hortense.
FRONTIN, valet de Rosimond.

*La scène est à la campagne,
dans la maison du Comte.*

ACTE PREMIER

SCÈNE PREMIÈRE

HORTENSE, MARTON

MARTON

Eh bien Madame quand sortirez-vous de la rêverie où vous êtes ? vous m'avez appelé[1], me voilà, et vous ne me dites mot.

HORTENSE

J'ai l'esprit inquiet.

MARTON

De quoi s'agit-il donc ?

HORTENSE

N'ai-je pas de quoi rêver[2] ? on va me marier, Marton.

MARTON

Et vraiment je le sais bien, on n'attend plus que votre oncle pour terminer ce mariage ; d'ailleurs, Rosimond, votre futur, n'est arrivé que d'hier, et il faut vous donner patience.

HORTENSE

Patience, est-ce que tu me crois pressée ?

MARTON

Pourquoi non ? on l'est ordinairement à votre place ; le mariage est une nouveauté curieuse, et la curiosité n'aime pas à attendre.

HORTENSE

Je différerai tant qu'on voudra.

MARTON

Ah ! heureusement qu'on veut expédier !

HORTENSE

Eh ! laisse-là tes idées.

MARTON

Est-ce que Rosimond n'est pas de votre goût[1] ?

HORTENSE

C'est de lui dont[2] je veux te parler. Marton, tu es fille d'esprit[3], comment le trouves-tu ?

MARTON

Mais il est d'une jolie figure[1].

HORTENSE

Cela est vrai.

MARTON

Sa physionomie est aimable.

HORTENSE

Tu as raison.

MARTON

Il me paraît avoir de l'esprit.

HORTENSE

Je lui en crois beaucoup.

MARTON

Dans le fond, même, on lui sent un caractère d'honnête homme[2].

HORTENSE

Je le pense comme toi.

MARTON

Et, à vue du pays[3], tout son défaut, c'est d'être ridicule.

HORTENSE

Et c'est ce qui me désespère, car cela gâte tout.

Je lui trouve de si sottes façons avec moi, on dirait qu'il dédaigne de me plaire, et qu'il croit qu'il ne serait pas du bon air de se soucier de moi parce qu'il m'épouse...

MARTON

Ah ! Madame, vous en parlez bien à votre aise.

HORTENSE

Que veux-tu dire ? Est-ce que la raison même n'exige pas un autre procédé que le sien ?

MARTON

Eh oui, la raison[1] : mais c'est que parmi les jeunes gens du bel air, il n'y a rien de si bourgeois[2] que d'être raisonnable.

HORTENSE

Peut-être, aussi, ne suis-je pas de son goût.

MARTON

Je ne suis pas de ce sentiment-là, ni vous non plus ; non, tel que vous le voyez il vous aime ; ne l'ai-je pas fait rougir hier, moi, parce que je le surpris comme il vous regardait à la dérobée attentivement ; voilà déjà deux ou trois fois que je le prends sur le fait.

HORTENSE

Je voudrais être bien sûre de ce que tu me dis là.

MARTON

Oh ! je m'y connais : cet homme-là vous aime, vous dis-je, et il n'a garde de s'en vanter, parce que vous n'allez être que sa femme ; mais je soutiens qu'il étouffe ce qu'il sent, et que son air de petit-maître n'est qu'une gasconnade avec vous.

HORTENSE

Eh bien, je t'avouerai que cette pensée m'est venue comme à toi.

MARTON

Eh par hasard, n'auriez-vous pas eu la pensée que vous l'aimez aussi ?

HORTENSE

Moi, Marton ?

MARTON

Oui, c'est qu'elle m'est encore venue ; voyez.

HORTENSE

Franchement c'est grand dommage que ses façons nuisent au mérite qu'il aurait.

MARTON

Si on pouvait le corriger ?

HORTENSE

Et c'est à quoi je voudrais tâcher ; car, s'il

m'aime, il faudra bien qu'il me le dise bien franchement, et qu'il se défasse d'une extravagance dont je pourrais être la victime quand nous serons mariés[1], sans quoi je ne l'épouserai point ; commençons par nous assurer qu'il n'aime point ailleurs, et que je lui plais ; car s'il m'aime, j'aurai beau jeu contre lui, et je le tiens pour à moitié corrigé ; la peur de me perdre fera le reste. Je t'ouvre mon cœur, il me sera cher s'il devient raisonnable ; je n'ai pas trop le temps de réussir, mais il en arrivera ce qui pourra ; essayons, j'ai besoin de toi, tu es adroite, interroge son valet, qui me paraît assez familier avec son maître.

MARTON

C'est à quoi je songeais : mais il y a une petite difficulté à cette commission-là ; c'est que le maître a gâté le valet, et Frontin est le singe de Rosimond ; ce faquin croit apparemment m'épouser aussi, et se donne, à cause de cela, les airs d'en agir cavalièrement, et de soupirer tout bas, car de son côté il m'aime.

HORTENSE

Mais il te parle quelquefois.

MARTON

Oui, comme à une soubrette de campagne : mais n'importe, le voici qui vient à nous, laissez-nous ensemble, je travaillerai à le faire causer.

HORTENSE

Surtout conduis-toi si adroitement, qu'il ne puisse soupçonner nos intentions.

MARTON

Ne craignez rien, ce sera tout en causant que je m'y prendrai ; il m'instruira sans qu'il le sache.

SCÈNE II

HORTENSE, MARTON, FRONTIN

Hortense s'en va, Frontin l'arrête.

FRONTIN

Mon maître m'envoie savoir comment vous vous portez, Madame, et s'il peut ce matin avoir l'honneur de vous voir bientôt ?

MARTON

Qu'est-ce que c'est que bientôt ?

FRONTIN

Comme qui dirait dans une heure ; il n'est pas habillé[1].

HORTENSE

Tu lui diras que je n'en sais rien.

FRONTIN

Que vous n'en savez rien, Madame ?

MARTON

Non, Madame a raison, qui est-ce qui sait ce qui peut arriver dans l'intervalle d'une heure ?

FRONTIN

Mais, Madame, j'ai peur qu'il ne comprenne rien à ce discours.

HORTENSE

Il est pourtant très clair ; je te dis que je n'en sais rien.

SCÈNE III

MARTON, FRONTIN

FRONTIN

Ma belle enfant, expliquez-moi la réponse de votre maîtresse, elle est d'un goût nouveau.

MARTON

Toute simple.

FRONTIN

Elle est même fantasque.

MARTON

Toute unie.

FRONTIN

Mais à propos de fantaisie, savez-vous bien que votre minois en est une, et des plus piquantes ?

MARTON

Oh, il est très commun, aussi bien que la réponse de ma maîtresse.

FRONTIN

Point du tout, point du tout. Avez-vous des amants ?

MARTON

Hé... on a toujours quelque petite fleurette en passant.

FRONTIN

Elle est d'une ingénuité charmante ; écoutez, nos maîtres vont se marier ; vous allez venir à Paris, je suis d'avis de vous épouser aussi, qu'en dites-vous ?

MARTON

Je ne suis pas assez aimable pour vous.

FRONTIN

Pas mal, pas mal, je suis assez content.

MARTON

Je crains le nombre de vos maîtresses, car je vais gager que vous en avez autant que votre maître qui doit en avoir beaucoup ; nous avons entendu dire que c'était un homme fort couru, et vous aussi sans doute ?

FRONTIN

Oh, très courus ; c'est à qui nous attrapera tous deux, il a pensé[1] même m'en venir quelqu'une des siennes. Les conditions se confondent un peu à Paris, on n'y est pas scrupuleux sur les rangs.

MARTON

Et votre maître et vous, continuerez-vous d'avoir des maîtresses quand vous serez nos maris ?

FRONTIN

Tenez, il est bon de vous mettre là-dessus au fait. Écoutez, il n'en est pas de Paris comme de la province, les coutumes y sont différentes.

MARTON

Ah ! différentes ?

FRONTIN

Oui, en province, par exemple, un mari promet fidélité à sa femme, n'est-ce pas ?

MARTON

Sans doute.

FRONTIN

À Paris c'est de même, mais la fidélité de Paris n'est point sauvage, c'est une fidélité galante, badine, qui entend raillerie, et qui se permet toutes les petites commodités du savoir-vivre ; vous comprenez bien ?

MARTON

Oh, de reste.

FRONTIN

Je trouve sur mon chemin une personne aimable ; je suis poli, elle me goûte[1] ; je lui dis des douceurs, elle m'en rend ; je folâtre, elle le veut bien ; pratique de politesse, commodité de savoir-vivre ; pure amourette que tout cela dans le mari ; la fidélité conjugale n'y est point offensée ; celle de province n'est pas de même, elle est sotte, revêche et tout d'une pièce, n'est-il pas vrai ?

MARTON

Oh oui, mais ma maîtresse fixera peut-être votre maître, car il me semble qu'il l'aimera assez volontiers, si je ne me trompe.

FRONTIN

Vous avez raison, je lui trouve effectivement comme une vapeur d'amour[2] pour elle.

MARTON

Croyez-vous ?

FRONTIN

Il y a dans son cœur un étonnement qui pourrait devenir très sérieux ; au surplus, ne vous inquiétez pas, dans les amourettes on n'aime qu'en passant, par curiosité de goût, pour voir un peu comment cela fera ; de ces inclinations-là, on en peut fort bien avoir une demi-douzaine sans que le cœur en soit plus chargé, tant elles sont légères.

MARTON

Une demi-douzaine, cela est pourtant fort, et pas une sérieuse...

FRONTIN

Bon, quelquefois tout cela est expédié dans la semaine ; à Paris, ma chère enfant, les cœurs, on ne se les donne pas, on se les prête, on ne fait que des essais.

MARTON

Quoi, là-bas, votre maître et vous, vous n'avez encore donné votre cœur à personne ?

FRONTIN

À qui que ce soit ; on nous aime beaucoup, mais nous n'aimons point : c'est notre usage.

MARTON

J'ai peur que ma maîtresse ne prenne cette coutume-là de travers.

FRONTIN

Oh que non, les agréments l'y accoutumeront ; les amourettes en passant sont amusantes ; mon maître passera, votre maîtresse de même, je passerai, vous passerez, nous passerons tous.

MARTON *en riant*.

Ah, ah, ah, j'entre si bien dans ce que vous dites, que mon cœur a déjà passé avec vous.

FRONTIN

Comment donc ?

MARTON

Doucement, voilà la Marquise, la mère de Rosimond qui vient.

SCÈNE IV

LA MARQUISE, FRONTIN, MARTON

LA MARQUISE

Je suis charmée de vous trouver là, Marton, je vous cherchais, que disiez-vous à Frontin ? Parliez-vous de mon fils ?

MARTON

Oui, Madame.

LA MARQUISE

Eh bien, que pense de lui Hortense ? Ne lui déplaît-il point ? Je voulais vous demander ses sentiments, dites-les-moi, vous les savez sans doute, et vous me les apprendrez plus librement qu'elle, sa politesse me les cacherait, peut-être, s'ils n'étaient pas favorables.

MARTON

C'est à peu près de quoi nous nous entretenions, Frontin et moi, Madame ; nous disions que Monsieur votre fils est très aimable, et ma maîtresse le voit tel qu'il est, mais je demandais s'il l'aimerait.

LA MARQUISE

Quand on est faite comme Hortense, je crois que cela n'est pas douteux, et ce n'est pas de lui dont je m'embarrasse.

FRONTIN

C'est ce que je répondais.

MARTON

Oui, vous m'avez parlé d'une vapeur de tendresse, qu'il lui a pris pour elle ; mais une vapeur se dissipe.

LA MARQUISE

Que veut dire une vapeur ?

MARTON

Frontin vient de me l'expliquer, Madame, c'est comme un étonnement de cœur, et un étonnement ne dure pas ; sans compter que les commodités de la fidélité conjugale, sont un grand article.

LA MARQUISE

Qu'est-ce que c'est donc, que ce langage-là, Marton ? Je veux savoir ce que cela signifie. D'après qui répétez-vous tant d'extravagances ? car vous n'êtes pas folle, et vous ne les imaginez pas sur-le-champ.

MARTON

Non, Madame, il n'y a qu'un moment que je sais ce que je vous dis là, c'est une instruction que vient de me donner Frontin sur le cœur de son maître, et sur l'agréable économie des mariages de Paris.

LA MARQUISE

Cet impertinent ?

FRONTIN

Ma foi, Madame, si j'ai tort c'est la faute du beau monde que j'ai copié ; j'ai rapporté la mode, je lui ai donné l'état des choses et le plan de la vie ordinaire.

LA MARQUISE

Vous êtes un sot, taisez-vous ; vous pensez bien,

Marton, que mon fils n'a nulle part à de pareilles extravagances ; il a de l'esprit, il a des mœurs, il aimera Hortense, et connaîtra ce qu'elle vaut ; pour toi, je te recommanderai à ton maître, et lui dirai qu'il te corrige.

Elle s'en va.

SCÈNE V

MARTON, FRONTIN

MARTON *éclatant de rire.*

Ha, ha, ha, ha.

FRONTIN

Ha, ha, ha, ha.

MARTON

Ha. Mon ingénuité te charme-t-elle encore ?

FRONTIN

Non, mon admiration s'était méprise, c'est ta malice[1] qui est admirable.

MARTON

Ha, ha, pas mal, pas mal[2].

FRONTIN *lui présente la main.*

Allons, touche-là[3] Marton.

MARTON

Pourquoi donc ? ce n'est pas la peine.

FRONTIN

Touche-là, te dis-je, c'est de bon cœur.

MARTON *lui donnant la main.*

Eh bien, que veux-tu dire ?

FRONTIN

Marton, ma foi tu as raison, j'ai fait l'impertinent tout à l'heure.

MARTON

Le vrai faquin.

FRONTIN

Le sot, le fat.

MARTON

Oh, mais tu tombes à présent dans un excès de raison, tu vas me réduire à te louer.

FRONTIN

J'en veux à ton cœur, et non pas à tes éloges.

MARTON

Tu es encore trop convalescent, j'ai peur des rechutes.

FRONTIN

Il faut pourtant que tu m'aimes.

MARTON

Doucement ; vous redevenez fat.

FRONTIN

Paix, voici mon original[1] qui arrive.

SCÈNE VI

ROSIMOND, FRONTIN, MARTON

ROSIMOND *à Frontin.*

Ah, tu es ici toi, et avec Marton ? je ne te plains pas : Que te disait-il, Marton ? Il te parlait d'amour, je gage ; hé ! n'est-ce pas ? Souvent ces coquins-là sont plus heureux que d'honnêtes gens[2]. Je n'ai rien vu de si joli que vous[3], Marton, il n'y a point de femme à la cour qui ne s'accommodât de cette figure-là.

FRONTIN

Je m'en accommoderais encore mieux qu'elle[4].

ROSIMOND

Dis-moi, Marton, que fait-on dans ce pays-ci ? Y a-t-il du jeu ? de la chasse ? des amours ? Ah, le

Acte I, scène VI

sot pays, ce me semble. À propos[1], ce bon homme[2] qu'on attend de sa terre pour finir notre mariage, cet oncle arrive-t-il bientôt ? Que ne se passe-t-on de lui ? Ne peut-on se marier sans que ce parent assiste à la cérémonie ?

MARTON

Que voulez-vous ? ces messieurs-là, sous prétexte qu'on est leur nièce et leur héritière, s'imaginent qu'on doit faire quelque attention à eux. Mais je ne songe pas que ma maîtresse m'attend.

ROSIMOND

Tu t'en vas, Marton ? Tu es bien pressée. À propos de ta maîtresse, tu ne m'en parles pas ; j'avais dit à Frontin de demander si on pouvait la voir.

FRONTIN

Je l'ai vue aussi, Monsieur, Marton était présente, et j'allais vous rendre réponse.

MARTON

Et moi je vais la rejoindre.

ROSIMOND

Attends, Marton, j'aime à te voir ; tu es la fille du monde la plus amusante.

MARTON

Je vous trouve très curieux à voir aussi, Monsieur, mais je n'ai pas le temps de rester.

ROSIMOND

Très curieux ! Comment donc ! mais elle a des expressions[1] : ta maîtresse a-t-elle autant d'esprit que toi, Marton ? De quelle humeur est-elle ?

MARTON

Oh ! d'une humeur peu piquante, assez insipide, elle n'est que raisonnable.

ROSIMOND

Insipide et raisonnable, il est[2] parbleu plaisant : tu n'es pas faite pour la province. Quand la verrai-je, Frontin ?

FRONTIN

Monsieur, comme je demandais si vous pouviez la voir dans une heure, elle m'a dit qu'elle n'en savait rien.

ROSIMOND

Le butor !

FRONTIN

Point du tout, je vous rends fidèlement la réponse.

ROSIMOND

Tu rêves ! il n'y a pas de sens à cela. Marton, tu y étais, il ne sait ce qu'il dit : qu'a-t-elle répondu ?

MARTON

Précisément ce qu'il vous rapporte, Monsieur, qu'elle n'en savait rien.

ROSIMOND

Ma foi, ni moi non plus.

MARTON

Je n'en suis pas mieux instruite que vous. Adieu, Monsieur.

ROSIMOND

Un moment, Marton, j'avais quelque chose à te dire. Frontin, m'est-il venu des lettres ?

FRONTIN

À propos de lettres, oui, Monsieur, en voilà une qui est arrivée de quatre lieues d'ici par un exprès.

ROSIMOND *ouvre, et rit à part en lisant*.

Donne... Ha, ha, ha... C'est de ma folle de comtesse... Hum... hum...

MARTON

Monsieur, ne vous trompez-vous pas ? Auriez-vous quelque chose à me dire ? Voyez, car il faut que je m'en aille.

ROSIMOND *toujours lisant*.

Hum !... hum !... Je suis à toi, Marton, laisse-moi achever.

MARTON *à part à Frontin*.

C'est apparemment là une lettre de commerce[1].

FRONTIN

Oui, quelque missive de passage.

ROSIMOND *après avoir lu*.

Vous êtes une étourdie, Comtesse. Que dites-vous là, vous autres ?

MARTON

Nous disons, Monsieur, que c'est quelque jolie femme qui vous écrit par amourette.

ROSIMOND

Doucement, Marton, il ne faut pas dire cela en ce pays-ci, tout serait perdu.

MARTON

Adieu, Monsieur, je crois que ma maîtresse m'appelle.

ROSIMOND

Ah ! c'est d'elle dont je voulais[2] te parler.

MARTON

Oui, mais la mémoire vous revient quand je pars. Tout ce que je puis pour votre service, c'est de régaler Hortense de l'honneur que vous lui faites de vous ressouvenir d'elle.

ROSIMOND

Adieu donc, Marton. Elle a de la gaieté, du badinage dans l'esprit.

SCÈNE VII

ROSIMOND, FRONTIN

FRONTIN

Oh, que non, Monsieur, malpeste[1] vous ne la connaissez pas ; c'est qu'elle se moque.

ROSIMOND

De qui ?

FRONTIN

De qui ? Mais ce n'est pas à moi qu'elle parlait.

ROSIMOND

Hem ?

FRONTIN

Monsieur, je ne dis pas que je l'approuve ; elle a tort : mais c'est une maligne soubrette ; elle m'a décoché un trait aussi bien entendu.

ROSIMOND

Eh, dis-moi, ne t'a-t-on pas déjà interrogé sur mon compte ?

FRONTIN

Oui, Monsieur ; Marton, dans la conversation, m'a par hasard fait quelques questions sur votre chapitre.

ROSIMOND

Je les avais prévues : Eh bien, ces questions de hasard, quelles sont-elles ?

FRONTIN

Elle m'a demandé si vous aviez des maîtresses. Et moi qui ai voulu faire votre cour.

ROSIMOND

Ma cour à moi ! ma cour !

FRONTIN

Oui, Monsieur, et j'ai dit que non, que vous étiez un garçon sage, réglé.

ROSIMOND

Le sot avec sa règle et sa sagesse ; le plaisant éloge ! vous ne peignez pas en beau[1], à ce que je vois ? Heureusement qu'on ne me connaîtra pas à vos portraits.

FRONTIN

Consolez-vous, je vous ai peint à votre goût, c'est-à-dire, en laid.

ROSIMOND

Comment !

FRONTIN

Oui, en petit aimable, j'ai mis une troupe de folles qui courent après vos bonnes grâces ; je vous en ai donné une demi-douzaine qui partageaient votre cœur.

ROSIMOND

Fort bien.

FRONTIN

Combien en vouliez-vous donc ?

ROSIMOND

Qui partageaient mon cœur ! Mon cœur avait bien à faire là : passe pour dire qu'on me trouve aimable, ce n'est pas ma faute ; mais me donner de l'amour, à moi ! c'est un article qu'il fallait épargner à la petite personne qu'on me destine ; la demi-douzaine de maîtresses est même, un peu trop, on pouvait en supprimer quelques-unes ; il y a des occasions où il ne faut pas dire la vérité.

FRONTIN

Bon ! si je n'avais dit que la vérité, il aurait peut-être fallu les supprimer toutes.

ROSIMOND

Non, vous ne vous trompiez point, ce n'est pas

de quoi je me plains ; mais c'est que ce n'est pas par hasard qu'on vous a fait ces questions-là. C'est Hortense qui vous les a fait faire, et il aurait été plus prudent de la tranquilliser sur pareille matière, et de songer que c'est une fille de province que je vais épouser, et qui en conclut que je ne dois aimer qu'elle, parce qu'apparemment elle en use de même.

FRONTIN

Eh ! peut-être qu'elle ne vous aime pas.

ROSIMOND

Oh peut-être ? il fallait le soupçonner[1], c'était le plus sûr ; mais passons : est-ce là tout ce qu'elle vous a dit ?

FRONTIN

Elle m'a encore demandé si vous aimiez Hortense.

ROSIMOND

C'est bien des affaires.

FRONTIN

Et j'ai cru poliment devoir répondre qu'oui.

ROSIMOND

Poliment répondre qu'oui ?

FRONTIN

Oui, Monsieur.

ROSIMOND

Eh ! de quoi te mêles-tu ? De quoi t'avises-tu de m'honorer d'une figure de soupirant ? Quelle platitude !

FRONTIN

Eh parbleu, c'est qu'il m'a semblé que vous l'aimiez.

ROSIMOND

Paix ; de la discrétion. Il est vrai, entre nous, que je lui trouve quelques grâces naïves ; elle a des traits ; elle ne déplaît pas.

FRONTIN

Ah ! que vous aurez grand besoin d'une leçon de Marton ! Mais ne parlons pas si haut, je vois Hortense qui s'avance.

ROSIMOND

Vient-elle ! Je me retire.

FRONTIN

Ah ! Monsieur, je crois qu'elle vous voit.

ROSIMOND

N'importe ; comme elle a dit qu'elle ne savait pas quand elle pourrait me voir, ce n'est pas à moi à juger qu'elle le peut à présent, et je me retire par respect en attendant qu'elle en décide. C'est ce que tu lui diras si elle te parle.

FRONTIN

Ma foi, Monsieur, si vous me consultez, ce respect-là ne vaut pas le diable.

ROSIMOND *en s'en allant*.

Ce qu'il y a de commode à vos conseils, c'est qu'il est permis de s'en moquer.

SCÈNE VIII

HORTENSE, MARTON, FRONTIN

HORTENSE

Il me semble avoir vu ton maître ici ?

FRONTIN

Oui, Madame, il vient de sortir par respect pour vos volontés.

HORTENSE

Comment !...

MARTON

C'est sans doute à cause de votre réponse de tantôt ; vous ne saviez pas quand vous pourriez le voir.

FRONTIN

Et il ne veut pas prendre sur lui de décider la chose.

HORTENSE

Eh bien, je la décide, moi ; va lui dire que je le prie de revenir, que j'ai à lui parler.

FRONTIN

J'y cours, Madame, et je lui ferai grand plaisir, car il vous aime de tout son cœur. Il ne vous en dira peut-être rien, à cause de sa dignité de joli homme[1]. Il y a des règles là-dessus ; c'est une faiblesse : excusez-la, Madame, je sais son secret, je vous le confie pour son bien ; et dès qu'il vous l'aura dit lui-même, oh ! ce sera bien le plus aimable homme du monde. Pardon, Madame, de la liberté que je prends ; mais Marton, avec qui je voudrais bien faire une fin, sera aussi mon excuse. Marton, prends nos intérêts en main ; empêche Madame de nous haïr, car, dans le fond, ce serait dommage, à une bagatelle près, en vérité nous méritons son estime.

HORTENSE *riant*.

Frontin aime son maître, et cela est louable.

MARTON

C'est de moi qu'il tient tout le bon sens qu'il vous montre.

SCÈNE IX

HORTENSE, MARTON

HORTENSE

Il t'a donc paru que ma réponse a piqué Rosimond ?

MARTON

Je l'en ai vu déconcerté, quoiqu'il ait feint d'en badiner, et vous voyez bien que c'est de pur dépit qu'il se retire.

HORTENSE

Je le renvoie chercher, et cette démarche-là le flattera peut-être ; mais elle ne le flattera pas longtemps. Ce que j'ai à lui dire rabattra de sa présomption. Cependant, Marton, il y a des moments où je suis toute prête de laisser là Rosimond avec ses ridiculités, et d'abandonner le projet de le corriger. Je sens que je m'y intéresse trop ; que le cœur s'en mêle, et y prend trop de part : je ne le corrigerai peut-être pas, et j'ai peur d'en être fâchée.

MARTON

Eh courage ! Madame, vous réussirez, vous dis-je ; voilà déjà d'assez bons petits mouvements qui lui prennent ; je crois qu'il est bien embarrassé. J'ai mis le valet à la raison, je l'ai réduit : vous réduirez le maître. Il fera un peu plus de façon ; il disputera le terrain : il faudra le pousser à bout. Mais c'est à vos genoux que je l'attends ; je l'y vois d'avance ; il faudra qu'il y vienne[1]. Continuez ; ce n'est pas avec des yeux comme les vôtres qu'on manque son coup ; vous le verrez.

HORTENSE

Je le souhaite. Mais tu as parlé au valet, Rosimond n'a-t-il point quelque inclination à Paris ?

MARTON

Nulle ; il n'y a encore été amoureux que de la réputation d'être aimable.

HORTENSE

Et moi, Marton, dois-je en croire Frontin ? Serait-il vrai que son maître eût de la disposition à m'aimer ?

MARTON

Nous le tenons, Madame, et mes observations sont justes.

HORTENSE

Cependant, Marton, il ne vient point.

MARTON

Oh ! mais prétendez-vous qu'il soit tout d'un coup comme un autre ? Le bel air ne veut pas qu'il accoure[1] : il vient, mais négligemment, et à son aise.

HORTENSE

Il serait bien impertinent qu'il y manquât !

MARTON

Voilà toujours votre père à sa place ; il a peut-être à vous parler, et je vous laisse.

HORTENSE

S'il va me demander ce que je pense de Rosimond, il m'embarrassera beaucoup, car je ne veux pas lui dire qu'il me déplaît, et je n'ai jamais eu tant d'envie de le dire.

SCÈNE X

HORTENSE, CHRISANTE

CHRISANTE

Ma fille, je désespère de voir ici mon frère, je n'en reçois point de nouvelles ; et s'il n'en vient point aujourd'hui ou demain au plus tard, je suis d'avis de terminer votre mariage.

HORTENSE

Pourquoi, mon père, il n'y a pas de nécessité

d'aller si vite. Vous savez combien il m'aime, et les égards qu'on lui doit ; laissons-le achever les affaires qui le retiennent ; différons de quelques jours pour lui en donner le temps.

CHRISANTE

C'est que la Marquise me presse, et ce mariage-ci me paraît si avantageux, que je voudrais qu'il fût déjà conclu.

HORTENSE

Née ce que je suis, et avec la fortune que j'ai, il serait difficile que j'en fisse un mauvais, vous pouvez choisir.

CHRISANTE

Eh comment choisir mieux ! Biens, naissance, rang, crédit à la cour ; vous trouvez tout ceci avec une figure aimable, assurément.

HORTENSE

J'en conviens, mais avec bien de la jeunesse dans l'esprit.

CHRISANTE

Et à quel âge voulez-vous qu'on l'ait jeune ?

HORTENSE

Le voici.

SCÈNE XI

CHRISANTE, HORTENSE, ROSIMOND

CHRISANTE

Marquis, je disais à Hortense que mon frère tarde beaucoup, et que nous nous impatienterons à la fin, qu'en dites-vous ?

ROSIMOND

Sans doute, je serai toujours du parti de l'impatience.

CHRISANTE

Et moi aussi. Adieu, je vais rejoindre la Marquise.

SCÈNE XII

ROSIMOND, HORTENSE

ROSIMOND

Je me rends à vos ordres, Madame ; on m'a dit que vous me demandiez.

HORTENSE

Moi ! Monsieur... Ah ! vous avez raison ; oui, j'ai chargé Frontin de vous prier de ma part, de revenir ici ; mais comme vous n'êtes pas revenu sur-le-champ, parce qu'apparemment on ne vous a pas trouvé, je ne m'en ressouvenais plus.

ROSIMOND *riant*.

Voilà une distraction dont j'aurais envie de me plaindre. Mais à propos de distraction, pouvez-vous me voir à présent, Madame ? Y êtes-vous bien déterminée ?

HORTENSE

D'où vient donc ce discours, Monsieur ?

ROSIMOND

Tantôt vous ne saviez pas si vous le pouviez, m'a-t-on dit ; et peut-être est-ce encore de même ?

HORTENSE

Vous ne demandiez à me voir qu'une heure après, et c'est une espèce d'avenir dont je ne répondais pas.

ROSIMOND

Ah ! cela est vrai ; il n'y a rien de si exact. Je me rappelle ma commission, c'est moi qui ai tort, et je vous en demande pardon. Si vous saviez combien le séjour de Paris et de la cour nous gâtent sur les formalités, en vérité, Madame, vous m'excuseriez ; c'est une certaine habitude de vivre avec trop de liberté, une aisance de façons que je condamne, puisqu'elle vous déplaît, mais à laquelle on s'accoutume, et qui vous jette ailleurs dans les impolitesses que vous voyez.

HORTENSE

Je n'ai pas remarqué qu'il y en ait dans ce que vous avez fait, Monsieur, et sans avoir vu Paris, ni la cour, personne au monde n'aime plus les façons unies que moi : parlons de ce que je voulais vous dire.

ROSIMOND

Quoi ! vous, Madame, quoi ! de la beauté, des grâces, avec ce caractère d'esprit-là[1], et cela dans l'âge où vous êtes, vous me surprenez ; avouez-moi la vérité, combien ai-je de rivaux ? Tout ce qui vous voit, tout ce qui vous approche, soupire : ah ! je m'en doute bien, et je n'en serai pas quitte à moins. La province me le pardonnera-t-elle ? Je viens vous enlever : convenons qu'elle y fait une perte irréparable.

HORTENSE

Il peut y avoir ici quelques personnes qui ont de l'amitié pour moi, et qui pourraient m'y regretter ; mais ce n'est pas de quoi il s'agit.

ROSIMOND

Eh ! quel secret, ceux qui vous voient, ont-ils pour n'être que vos amis, avec ces yeux-là ?

HORTENSE

Si parmi ces amis il en est qui soient autre

chose, du moins sont-ils discrets, et je ne les connais pas. Ne m'interrompez plus, je vous prie.

ROSIMOND

Vraiment, je m'imagine bien qu'ils soupirent tout bas, et que le respect les fait taire. Mais à propos de respect, n'y manquerais-je pas un peu, moi, qui ai pensé dire que je vous aime. Il y a bien quelque petite chose à redire à mes discours, n'est-ce pas, mais ce n'est pas ma faute.

Il veut lui prendre une main.

HORTENSE

Doucement, Monsieur, je renonce à vous parler.

ROSIMOND

C'est que sérieusement vous êtes belle avec excès ; vous l'êtes trop, le regard le plus vif, le plus beau teint : ah ! remerciez-moi, vous êtes charmante, et je n'en dis presque rien ; la parure la mieux entendue ; vous avez là de la dentelle d'un goût exquis, ce me semble. Passez-moi l'éloge de la dentelle ; quand nous marie-t-on ?

HORTENSE

À laquelle des deux questions voulez-vous que je réponde d'abord ? À la dentelle, ou au mariage ?

ROSIMOND

Comme il vous plaira. Que faisons-nous cet après-midi ?

HORTENSE

Attendez, la dentelle est passable[1], de cet après-midi le hasard en décidera ; de notre mariage, je ne puis rien en dire, et c'est de quoi j'ai à vous entretenir, si vous voulez bien me laisser parler. Voilà tout ce que vous me demandez, je pense ? Venons au mariage.

ROSIMOND

Il devrait être fait ; les parents ne finissent point !

HORTENSE

Je voulais vous dire au contraire qu'il serait bon de le différer, Monsieur.

ROSIMOND

Ah ! le différer, Madame !

HORTENSE

Oui, Monsieur, qu'en pensez-vous ?

ROSIMOND

Moi, ma foi, Madame, je ne pense point, je vous épouse. Ces choses-là surtout, quand elles sont aimables, veulent être expédiées, on y pense après.

HORTENSE

Je crois que je n'irai pas si vite : il faut s'aimer un peu quand on s'épouse.

ROSIMOND

Mais je l'entends bien de même.

HORTENSE

Et nous ne nous aimons point.

ROSIMOND

Ah ! c'est une autre affaire ; la difficulté ne me regarderait point : il est vrai que j'espérais, Madame, j'espérais, je vous l'avoue. Serait-ce quelque partie de cœur déjà liée[1] ?

HORTENSE

Non, Monsieur, je ne suis, jusqu'ici, prévenue pour personne.

ROSIMOND

En tout cas, je vous demande la préférence. Quant au retardement de notre mariage, dont je ne vois pas les raisons, je ne m'en mêlerai point, je n'aurais garde, on me mène, et je suivrai.

HORTENSE

Quelqu'un vient ; faites réflexion à ce que je vous dis, Monsieur.

SCÈNE XIII

DORANTE, DORIMÈNE,
HORTENSE, ROSIMOND

ROSIMOND *allant à Dorimène.*

Eh ! vous voilà, Comtesse. Comment ! avec Dorante ?

LA COMTESSE *embrassant Hortense.*

Eh ! bonjour ma chère enfant ! Comment se porte-t-on ici ? Nous sommes alliés, au moins[1], Marquis.

ROSIMOND

Je le sais.

LA COMTESSE

Mais nous nous voyons peu. Il y a trois ans que je ne suis venue ici.

HORTENSE

On ne quitte pas volontiers Paris pour la province.

DORIMÈNE

On y a tant d'affaires, de dissipations ! Les moments s'y passent avec tant de rapidité !

ROSIMOND

Eh ! où avez-vous pris ce garçon-là, Comtesse ?

DORIMÈNE *à Hortense*[1].

Nous nous sommes rencontrés. Vous voulez bien que je vous le présente ?

ROSIMOND

Qu'en dis-tu, Dorante ? ai-je à me louer du choix qu'on a fait pour moi ?

DORANTE

Tu es trop heureux.

ROSIMOND *à Hortense*.

Tel que vous le voyez, je vous le donne pour une espèce de sage qui fait peu de cas de l'amour[2] : de l'air dont il vous regarde pourtant, je ne le crois pas trop en sûreté ici.

DORANTE

Je n'ai vu nulle part de plus grand danger, j'en conviens.

DORIMÈNE *riant*.

Sur ce pied-là[3], sauvez-vous, Dorante, sauvez-vous.

HORTENSE

Trêve de plaisanterie, Messieurs.

ROSIMOND

Non, sérieusement, je ne plaisante point ; je

vous dis qu'il est frappé, je vois cela dans ses yeux : remarquez-vous comme il rougit[1] ? Parbleu je voudrais bien qu'il soupirât, et je vous le recommande.

DORIMÈNE

Ah ! doucement, il m'appartient ; c'est une espèce d'infidélité qu'il me ferait ; car je l'amène[2], à moins que vous ne teniez sa place, Marquis.

ROSIMOND

Assurément j'en trouve l'idée tout à fait plaisante, et c'est de quoi nous amuser ici. (*À Hortense.*) N'est-ce pas, Madame ? Allons, Dorante, rendez vos premiers hommages à votre vainqueur.

DORANTE

Je n'en suis plus aux premiers.

SCÈNE XIV

DORANTE, DORIMÈNE, HORTENSE, ROSIMOND, MARTON

MARTON

Madame, monsieur le Comte m'envoie savoir qui vient d'arriver ?

DORIMÈNE

Nous allons l'en instruire nous-mêmes. Venez, Marquis, donnez-moi la main, vous êtes mon chevalier[1]. (*À Hortense.*) Et vous, Madame, voilà le vôtre.

Dorante présente la main à Hortense.
Marton fait signe à Hortense.

HORTENSE

Je vous suis, Messieurs. Je n'ai qu'un mot à dire.

SCÈNE XV

MARTON, HORTENSE

HORTENSE

Que me veux-tu, Marton ? Je n'ai pas le temps de rester, comme tu vois.

MARTON

C'est une lettre que je viens de trouver, lettre d'amour écrite à Rosimond, mais d'un amour qui me paraît sans conséquence. La dame qui vient d'arriver pourrait bien l'avoir écrite ; le billet est d'un style qui ressemble à son air.

HORTENSE

Y a-t-il bien des tendresses ?

MARTON

Non, vous dis-je, point d'amour et beaucoup de folies ; mais puisque vous êtes pressée, nous en parlerons tantôt. Rosimond devient-il un peu plus supportable ?

HORTENSE

Toujours aussi impertinent qu'il est aimable. Je te quitte.

MARTON

Monsieur l'impertinent, vous avez beau faire, vous deviendrez charmant sur ma parole, je l'ai entrepris.

FIN DU PREMIER ACTE

ACTE II

SCÈNE PREMIÈRE

LA MARQUISE, DORANTE

LA MARQUISE

Avançons encore quelques pas, Monsieur, pour être plus à l'écart, j'aurais un mot à vous dire ; vous êtes l'ami de mon fils, et autant que j'en puis juger, il ne saurait avoir fait un meilleur choix.

DORANTE

Madame, son amitié me fait honneur.

LA MARQUISE

Il n'est pas aussi raisonnable que vous me paraissez l'être ; et je voudrais bien que vous m'aidassiez à le rendre plus sensé dans les circonstances où il se trouve ; vous savez qu'il doit épouser Hortense ; nous n'attendons que l'instant pour terminer ce mariage ; d'où vient, Monsieur, le peu d'attention qu'il a pour elle ?

DORANTE

Je l'ignore, et n'y ai pas pris garde, Madame.

LA MARQUISE

Je viens de le voir avec Dorimène, il ne la quitte point depuis qu'elle est ici ; et vous, Monsieur, vous ne quittez point Hortense.

DORANTE

Je lui fais ma cour, parce que je suis chez elle.

LA MARQUISE

Sans doute, et je ne vous désapprouve pas ; mais ce n'est pas à Dorimène à qui il faut[1] que mon fils fasse aujourd'hui la sienne ; et personne ici ne doit montrer plus d'empressement que lui pour Hortense.

DORANTE

Il est vrai, Madame.

LA MARQUISE

Sa conduite est ridicule, elle peut choquer Hortense, et je vous conjure, Monsieur, de l'avertir qu'il en change ; les avis d'un ami comme vous lui feront peut-être plus d'impression que les miens ; vous êtes venu avec Dorimène, je la connais fort peu ; vous êtes de ses amis, et je souhaiterais qu'elle ne souffrît pas que mon fils fût toujours auprès d'elle ; en vérité, la bienséance en souffre un peu ; elle est alliée de la maison où nous sommes, mais elle est venue ici sans qu'on l'y appelât ; y reste-t-elle ? Part-elle aujourd'hui ?

DORANTE

Elle ne m'a pas instruit de ses desseins.

LA MARQUISE

Si elle partait je n'en serais pas fâchée, et je lui en aurais obligation ; pourriez-vous le lui faire entendre ?

DORANTE

Je n'ai pas beaucoup de pouvoir sur elle ; mais je verrai, Madame, et tâcherai de répondre à l'honneur de votre confiance.

LA MARQUISE

Je vous le demande en grâce, Monsieur, et je vous recommande les intérêts de mon fils et de votre ami.

DORANTE *pendant qu'elle s'en va.*

Elle a ma foi beau dire, puisque son fils néglige Hortense, il ne tiendra pas à moi que je n'en profite auprès d'elle.

SCÈNE II

DORANTE, DORIMÈNE

DORIMÈNE

Où est allé le Marquis, Dorante ? je me sauve de cette cohue de province[1] : ah ! les ennuyants personnages ! Je me meurs de l'extravagance des compliments qu'on m'a fait[2], et que j'ai rendus. Il y a deux heures que je n'ai pas le sens commun, Dorante, pas le sens commun ; deux heures que je m'entretiens avec une marquise, qui se tient d'un droit, qui a des gravités, qui prend des mines d'une dignité ; avec une petite baronne si folichonne[3], si remuante, si méthodiquement étourdie ; avec une comtesse si franche, qui m'estime tant, qui m'estime tant, qui est de si bonne amitié ; avec une autre qui est si mignonne, qui a de si jolis tours de tête[4], qui accompagne ce qu'elle dit avec des mains si pleines de grâces ; une autre qui glapit si spirituellement, qui traîne si bien ses mots, qui dit si souvent, mais Madame, cependant Madame, il me paraît pourtant ; et puis un bel esprit si diffus, si éloquent, une jalouse si difficile en mérite, si peu touchée du mien, si intriguée de ce qu'on m'en trouvait. Enfin, un agréable[5] qui m'a fait des phrases, mais des phrases ! d'une perfection ! qui m'a déclaré des sentiments qu'il n'osait me dire ; mais des sentiments d'une délicatesse assaisonnée d'un respect que j'ai trouvé d'une fadeur ! d'une fadeur !

DORANTE

Oh ! on respecte beaucoup ici, c'est le ton de la province. Mais vous cherchez Rosimond, Madame ?

DORIMÈNE

Oui, c'est un étourdi à qui j'ai à parler tête à tête ; et grâce à tous ces originaux qui m'ont obsédée, je n'en ai pas encore eu le temps : il nous a quitté. Où est-il ?

DORANTE

Je pense qu'il écrit à Paris, et je sors d'un entretien avec sa mère.

DORIMÈNE

Tant pis, cela n'est pas amusant, il vous en reste encore un air froid et raisonnable, qui me gagnerait si nous restions ensemble ; je vais faire un tour sur la terrasse : allez, Dorante, allez dire à Rosimond que je l'y attends.

DORANTE

Un moment, Madame, je suis chargé d'une petite commission pour vous ; c'est que je vous avertis que la Marquise ne trouve pas bon que vous entreteniez le Marquis.

DORIMÈNE

Elle ne le trouve pas bon ! Eh bien, vous verrez que je l'en trouverai meilleur.

DORANTE

Je n'en ai pas douté : mais ce n'est pas là tout ; je suis encore prié de vous inspirer l'envie de partir.

DORIMÈNE

Je n'ai jamais eu tant d'envie de rester.

DORANTE

Je n'en suis pas surpris ; cela doit faire cet effet-là.

DORIMÈNE

Je commençais à m'ennuyer ici, je ne m'y ennuie plus ; je m'y plais, je l'avoue ; sans ce discours de la Marquise, j'aurais pu me contenter de défendre à Rosimond de se marier, comme je l'avais résolu en venant ici : mais on ne veut pas que je le voie ? on souhaite que je parte ? il m'épousera.

DORANTE

Cela serait très plaisant.

DORIMÈNE

Oh ! il m'épousera. Je pense qu'il n'y perdra pas : et vous, je veux aussi que vous nous aidiez à le débarrasser de cette petite fille ; je me propose un plaisir infini de ce qui va arriver ; j'aime à déranger les projets, c'est ma folie ; surtout, quand je les dérange d'une manière avantageuse. Adieu ; je prétends que vous épousiez Hortense, vous. Voilà ce que j'imagine ; réglez-vous là-dessus, entendez-vous ? Je vais trouver le Marquis.

DORANTE *pendant qu'elle part*.

Puisse la folle me dire vrai !

SCÈNE III

ROSIMOND, DORANTE, FRONTIN

ROSIMOND *à Frontin en entrant*.

Cherche, vois partout ; et sans dire qu'elle est à moi, demande-la à tout le monde ; c'est à peu près dans ces endroits-ci que je l'ai perdue.

FRONTIN

Je ferai ce que je pourrai, Monsieur.

ROSIMOND *à Dorante*.

Ah ! c'est toi, Dorante ; dis-moi ; par hasard, n'aurais-tu point trouvé une lettre à terre ?

DORANTE

Non.

ROSIMOND

Cela m'inquiète.

DORANTE

Eh, de qui est-elle ?

ROSIMOND

De Dorimène ; et malheureusement elle est d'un style un peu familier sur Hortense ; elle l'y traite de petite provinciale qu'elle ne veut pas que j'épouse ; et ces bonnes gens-ci seraient un peu scandalisés de l'épithète.

DORANTE

Peut-être personne ne l'aura-t-il encore ramassée : et d'ailleurs, cela te chagrine-t-il tant ?

ROSIMOND

Ah ! très doucement ; je ne m'en désespère pas.

DORANTE

Ce qui en doit arriver doit être fort indifférent à un homme comme toi.

ROSIMOND

Aussi me l'est-il. Parlons de Dorimène ; c'est elle qui m'embarrasse. Je t'avouerai confidemment que je ne sais qu'en faire. T'a-t-elle dit qu'elle n'est venue ici que pour m'empêcher d'épouser ? Elle a quelque alliance avec ces gens-ci. Dès qu'elle a su que ma mère m'avait brusquement amené de Paris chez eux pour me marier ; qu'a-t-elle fait ? Elle a une terre à quelques lieues de la leur, elle y est venue ; et à peine arrivée, m'a écrit, par un exprès, qu'elle venait ici, et que je la verrais une heure après sa lettre, qui est celle que j'ai perdue.

DORANTE

Oui, j'étais chez elle alors, et j'ai vu partir l'exprès qui nous a précédé : mais enfin c'est une très aimable femme et qui t'aime beaucoup.

ROSIMOND

J'en conviens. Il faut pourtant que tu m'aides à lui faire entendre raison.

DORANTE

Pourquoi donc ? Tu l'aimes aussi, apparemment, et cela n'est pas étonnant.

ROSIMOND

J'ai encore quelque goût[1] pour elle, elle est vive, emportée, étourdie, bruyante. Nous avons lié une petite affaire de cœur ensemble, et il y a deux mois que cela dure : deux mois, le terme est honnête ; cependant aujourd'hui, elle s'avise de se piquer d'une belle passion pour moi. Ce mariage-ci lui déplaît, elle ne veut pas que je l'achève, et de vingt galanteries qu'elle a eues en sa vie, il faut que la nôtre soit la seule qu'elle honore de cette opiniâtreté d'amour : il n'y a que moi à qui cela arrive !

DORANTE

Te voilà donc bien agité ? Quoi ! tu crains les conséquences de l'amour d'une jolie femme, parce que tu te maries ! Tu as de ces sentiments bourgeois[1], toi Marquis ? Je ne te reconnais pas ! Je te croyais plus dégagé[2] que cela ; j'osais quelquefois entretenir Hortense : mais je vois bien qu'il faut que je parte, et je n'y manquerai pas. Adieu.

ROSIMOND

Venez, venez ici. Qu'est-ce que c'est que cette fantaisie-là ?

DORANTE

Elle est sage. Il me semble que la Marquise ne me voit pas volontiers ici, et qu'elle n'aime pas à me trouver en conversation avec Hortense, et je te demande pardon de ce que je vais te dire ; mais il m'a passé dans l'esprit que tu avais pu l'indisposer contre moi, et te servir de sa méchante humeur pour m'insinuer de m'en aller.

ROSIMOND

Mais : oui-da, je suis peut-être jaloux. Ma façon de vivre, jusqu'ici, m'a rendu fort suspect de cette petitesse. Débitez-la, Monsieur, débitez-la dans le monde. En vérité vous me faites pitié ! Avec cette opinion-là sur mon compte, valez-vous la peine qu'on vous désabuse ?

DORANTE

Je puis en avoir mal jugé ; mais ne se trompe-t-on jamais ?

ROSIMOND

Moi qui vous parle, suis-je plus à l'abri de la méchante humeur de ma mère ? Ne devrais-je pas, si je l'en crois, être aux genoux d'Hortense, et lui débiter mes langueurs ? J'ai tort de n'aller pas, une houlette à la main l'entretenir de ma passion pastorale : elle vient de me quereller tout à l'heure, me reprocher mon indifférence ; elle m'a dit des injures, Monsieur, des injures ; m'a traité de fat, d'impertinent, rien que cela, et puis je m'entends avec elle !

DORANTE

Ah, voilà qui est fini, Marquis, je désavoue mon idée, et je t'en fais réparation.

ROSIMOND

Dites-vous vrai ? Êtes-vous bien sûr au moins que je pense comme il faut ?

DORANTE

Si sûr à présent, que si tu allais te prendre d'amour pour cette petite Hortense dont on veut faire ta femme, tu me le dirais, que je n'en croirais rien.

ROSIMOND

Que sait-on ? Il y a à craindre à cause que je l'épouse, que mon cœur ne s'enflamme et ne prenne la chose à la lettre !

DORANTE

Je suis persuadé que tu n'es point fâché que je lui en conte.

ROSIMOND

Ah ! si fait ; très fâché. J'en boude, et si vous continuez, j'en serai au désespoir.

DORANTE

Tu te moques de moi, et je le mérite.

ROSIMOND *riant*.

Ha, ha, ha. Comment es-tu avec elle ?

DORANTE

Ni bien ni mal. Comment la trouves-tu toi ?

ROSIMOND

Moi, ma foi, je n'en sais rien, je ne l'ai pas encore trop vue ; cependant, il m'a paru qu'elle était assez gentille, l'air naïf, droit et guindé : mais jolie, comme je te dis. Ce visage-là pourrait devenir quelque chose s'il appartenait à une femme du monde, et notre provinciale n'en fait rien ; mais cela est bon pour une femme, on la prend comme elle vient.

DORANTE

Elle ne te convient guère. De bonne foi, l'épouseras-tu ?

ROSIMOND

Il faudra bien, puisqu'on le veut : nous l'épouserons ma mère et moi, si vous ne nous l'enlevez pas.

DORANTE

Je pense que tu ne t'en soucierais guère, et que tu me le pardonnerais.

ROSIMOND

Oh ! là-dessus, toutes les permissions du monde au suppliant, si elles pouvaient lui être bonnes à quelque chose. T'amuse-t-elle ?

DORANTE

Je ne la hais pas.

ROSIMOND

Tout de bon ?

DORANTE

Oui : comme elle ne m'est pas destinée, je l'aime assez.

ROSIMOND

Assez ? Je vous le conseille. De la passion, Monsieur, des mouvements pour me divertir, s'il vous plaît. En sens-tu déjà un peu ?

DORANTE

Quelquefois. Je n'ai pas ton expérience en galanterie ; je ne suis là-dessus qu'un écolier qui n'a rien vu.

ROSIMOND *riant*.

Ah ! vous l'aimez, monsieur l'écolier : ceci est sérieux, je vous défends de lui plaire.

DORANTE

Je n'oublie cependant rien pour cela, ainsi laisse-moi partir ; la peur de te fâcher me reprend.

ROSIMOND *riant*.

Ha ! ha, ha, que tu es réjouissant !

SCÈNE IV

MARTON, DORANTE, ROSIMOND

DORANTE *riant aussi*.

Ha, ha, ha ! Où est votre maîtresse, Marton ?

MARTON

Dans la grande allée, où elle se promène, Monsieur ; elle vous demandait tout à l'heure.

ROSIMOND

Rien que lui, Marton ?

MARTON

Non, que je sache[1].

DORANTE

Je te laisse, Marquis, je vais la rejoindre.

ROSIMOND

Attends, nous irons ensemble.

MARTON

Monsieur, j'aurais un mot à vous dire.

ROSIMOND

À moi, Marton ?

MARTON

Oui, Monsieur.

DORANTE

Je vais donc toujours devant.

ROSIMOND *à part*.

Rien que lui ? C'est qu'elle est piquée.

SCÈNE V

MARTON, ROSIMOND

ROSIMOND

De quoi s'agit-il, Marton ?

MARTON

D'une lettre que j'ai trouvée, Monsieur, et qui est apparemment celle que vous avez tantôt reçue de Frontin.

ROSIMOND

Donne, j'en étais inquiet.

MARTON

La voilà.

ROSIMOND

Tu ne l'as montrée à personne, apparemment ?

MARTON

Il n'y a qu'Hortense et son père qui l'ont vue, et je ne la leur ai montrée que pour savoir à qui elle appartenait.

ROSIMOND

Eh ne pouviez-vous pas la voir vous-même ?

MARTON

Non, Monsieur, je ne sais pas lire[1], et d'ailleurs, vous en aviez gardé l'enveloppe.

ROSIMOND

Et ce sont eux qui vous ont dit que la lettre m'appartenait ? Ils l'ont donc lue ?

MARTON

Vraiment oui, Monsieur ; ils n'ont pu juger qu'elle était à vous que sur la lecture qu'ils en ont fait.

ROSIMOND

Hortense présente ?

MARTON

Sans doute. Est-ce que cette lettre est de quelque conséquence ? Y a-t-il quelque chose qui les concerne ?

ROSIMOND

Il vaudrait mieux qu'ils ne l'eussent point vue.

MARTON

J'en suis fâchée.

ROSIMOND

Cela est désagréable. Eh[2], qu'en a dit Hortense ?

MARTON

Rien, Monsieur, elle n'a pas paru y faire attention : mais comme on m'a chargé[1] de vous la rendre, voulez-vous que je dise que vous ne l'avez pas reconnue.

ROSIMOND

L'offre est obligeante et je l'accepte ; j'allais vous en prier.

MARTON

Oh ! de tout mon cœur, je vous le promets, quoique ce soit une précaution assez inutile, comme je vous dis, car ma maîtresse ne vous en parlera seulement pas.

ROSIMOND

Tant mieux, tant mieux ; je ne m'attendais pas à tant de modération : serait-ce que notre mariage lui déplaît ?

MARTON

Non, cela ne va pas jusque-là ; mais elle ne s'y intéresse pas extrêmement non plus.

ROSIMOND

Vous l'a-t-elle dit, Marton ?

MARTON

Oh ! plus de dix fois, Monsieur, et vous le savez bien, elle vous l'a dit à vous-même ?

ROSIMOND

Point du tout, elle a, ce me semble, parlé de différer et non pas de rompre : mais que ne s'est-elle expliquée ? je ne me serais pas avisé de soupçonner son éloignement pour moi, il faut être fait à se douter de pareille chose[1].

MARTON

Il est vrai qu'on est presque sûr d'être aimé quand on vous ressemble, aussi ma maîtresse vous aurait-elle épousé d'abord assez volontiers : mais je ne sais, il y a eu du malheur, vos façons l'ont choquée.

ROSIMOND

Je ne les ai pas prises en province, à la vérité.

MARTON

Eh ! Monsieur, à qui le dites-vous ? Je suis persuadée qu'elles sont toutes des meilleures : mais, tenez, malgré cela, je vous avoue moi-même que je ne pourrais pas m'empêcher d'en rire si je ne me retenais pas, tant elles nous paraissent plaisantes à nous autres provinciales ; c'est que nous sommes des ignorantes. Adieu, Monsieur, je vous salue.

ROSIMOND

Doucement, confiez-moi ce que votre maîtresse y trouve à redire.

MARTON

Eh ! Monsieur, ne prenez pas garde à ce que nous en pensons : je vous dis que tout nous y paraît comique. Vous savez bien que vous avez peur de faire l'amoureux de ma maîtresse, parce qu'apparemment cela ne serait pas de bonne grâce dans un joli homme comme vous ; mais comme Hortense est aimable et qu'il s'agit de l'épouser, nous trouvons cette peur-là si burlesque ! si bouffonne ! qu'il n'y a point de comédie qui nous divertisse tant ; car il est sûr que vous auriez plu à Hortense si vous ne l'aviez pas fait rire : mais ce qui fait rire n'attendrit plus, et je vous dis cela pour vous divertir vous-même.

ROSIMOND

C'est aussi tout l'usage que j'en fais.

MARTON

Vous avez raison, Monsieur, je suis votre servante. (*Elle revient.*) Seriez-vous encore curieux d'une de nos folies ? Dès que Dorante et Dorimène sont arrivés ici, vous avez dit qu'il fallait que Dorante aimât ma maîtresse, pendant que vous feriez l'amour à Dorimène, et cela à la veille d'épouser Hortense ; Monsieur, nous en avons pensé mourir de rire, ma maîtresse et moi ! Je lui ai pourtant dit qu'il fallait bien que vos airs fussent dans les règles du bon savoir-vivre. Rien ne l'a persuadée ; les gens de ce pays-ci ne sentent point le mérite de ces manières-là ; c'est autant de perdu. Mais je m'amuse trop[1]. Ne dites mot, je vous prie.

ROSIMOND

Eh bien, Marton, il faudra se corriger : j'ai vu quelques benêts de la province, et je les copierai.

MARTON

Oh ! Monsieur, n'en prenez pas la peine ; ce ne serait pas en contrefaisant le benêt, que vous feriez revenir les bonnes dispositions où ma maîtresse était pour vous ; ce que je vous dis sous le secret, au moins ; mais vous ne réussiriez, ni comme benêt ni comme comique. Adieu, Monsieur.

SCÈNE VI

ROSIMOND, DORIMÈNE

ROSIMOND *un moment seul*.

Eh bien, cela me guérit d'Hortense : cette fille qui m'aime et qui se résout à me perdre, parce que je ne donne pas dans la fadeur de languir pour elle ! Voilà une sotte enfant ! Allons pourtant la trouver.

DORIMÈNE

Que devenez-vous donc, Marquis ? on ne sait

où vous prendre ? Est-ce votre future qui vous occupe ?

ROSIMOND

Oui, je m'occupais des reproches qu'on me faisait de mon indifférence pour elle, et je vais tâcher d'y mettre ordre ; elle est là-bas avec Dorante, y venez-vous ?

DORIMÈNE

Arrêtez, arrêtez ; il s'agit de mettre ordre à quelque chose de plus important. Quand est-ce donc que cette indifférence qu'on vous reproche pour elle lui fera prendre son parti ? Il me semble que cela[1] demeure bien longtemps à se déterminer. À qui est-ce la faute ?

ROSIMOND

Ah ! vous me querellez aussi ! Dites-moi, que voulez-vous qu'on fasse ? Ne sont-ce pas nos parents qui décident de cela ?

DORIMÈNE

Qu'est-ce que c'est que des parents, Monsieur ? C'est l'amour que vous avez pour moi, c'est le vôtre, c'est le mien qui en décideront, s'il vous plaît. Vous ne mettrez pas des volontés de parents en parallèle avec des raisons de cette force-là, sans doute, et je veux demain que tout cela finisse.

ROSIMOND

Le terme est court, on aurait de la peine à faire ce que vous dites là, je désespère d'en venir à bout, moi, et vous en parlez bien à votre aise.

DORIMÈNE

Ah ! je vous trouve admirable ! Nous sommes à Paris, je vous perds deux jours de vue ; et dans cet intervalle, j'apprends que vous êtes parti avec votre mère pour aller vous marier, pendant que vous m'aimez, pendant qu'on vous aime, et qu'on vient tout récemment, comme vous le savez, de congédier là-bas le Chevalier, pour n'avoir de liaison de cœur qu'avec vous ? Non, Monsieur, vous ne vous marierez point : n'y songez pas, car il n'en sera rien, cela est décidé ; votre mariage me déplaît. Je le passerais à un autre ; mais avec vous ! Je ne suis pas de cette humeur-là, je ne saurais ; vous êtes un étourdi, pourquoi vous jetez-vous dans cet inconvénient[1] ?

ROSIMOND

Faites-moi donc la grâce d'observer que je suis la victime des arrangements de ma mère.

DORIMÈNE

La victime ! Vous m'édifiez beaucoup, vous êtes un petit garçon bien obéissant.

ROSIMOND

Je n'aime pas à la fâcher, j'ai cette faiblesse-là, par exemple.

DORIMÈNE

Le poltron ! Eh bien, gardez votre faiblesse : j'y suppléerai, je parlerai à votre prétendue.

ROSIMOND

Ah ! que je vous reconnais bien à ces tendres inconsidérations-là[1] ! Je les adore, ayons pourtant un peu plus de flegme ici ; car que lui direz-vous ? que vous m'aimez ?

DORIMÈNE

Que nous nous aimons.

ROSIMOND

Voilà qui va fort bien ; mais vous ressouvenez-vous que vous êtes en province, où il y a des règles, des maximes de décence qu'il ne faut point choquer ?

DORIMÈNE

Plaisantes maximes ! Est-il défendu de s'aimer, quand on est aimable ? Ah ! il y a des puérilités[2] qui ne doivent pas arrêter. Je vous épouserai, Monsieur, j'ai du bien, de la naissance, qu'on nous marie ; c'est peut-être le vrai moyen de me guérir d'un amour que vous ne méritez pas que je conserve.

ROSIMOND

Nous marier ! Des gens qui s'aiment ! Y songez-vous ? Que vous a fait l'amour pour le pousser à bout ? Allons trouver la compagnie.

DORIMÈNE

Nous verrons. Surtout, point de mariage ici, commençons par là. Mais que vous veut dire Frontin ?

SCÈNE VII

ROSIMOND, DORIMÈNE, FRONTIN

FRONTIN *tout essoufflé*.

Monsieur, j'ai un mot à vous dire.

ROSIMOND

Parle.

FRONTIN

Il faut que nous soyons seuls, Monsieur.

DORIMÈNE

Et moi je reste parce que je suis curieuse.

FRONTIN

Monsieur, Madame est de trop ; la moitié de ce que j'ai à vous dire est contre elle.

DORIMÈNE

Marquis, faites parler ce faquin-là.

ROSIMOND

Parleras-tu, maraud ?

FRONTIN

J'enrage ; mais n'importe. Eh bien, Monsieur, ce que j'ai à vous dire, c'est que Madame ici nous portera malheur à tous deux.

DORIMÈNE

Le sot !

ROSIMOND

Comment ?

FRONTIN

Oui, Monsieur, si vous ne changez pas de façon, nous ne tenons plus rien. Pendant que Madame vous amuse, Dorante nous égorge[1].

ROSIMOND

Que fait-il donc ?

FRONTIN

L'amour[2], Monsieur, l'amour, à votre belle Hortense !

DORIMÈNE

Votre belle : voilà une épithète bien placée !

FRONTIN

Je défie qu'on la place mieux : si vous entendiez là-bas comme il se démène, comme les déclarations vont dru, comme il entasse les soupirs, j'en ai déjà compté plus de trente de la dernière conséquence, sans parler des génuflexions, des exclamations : Madame, par-ci, Madame, par-là ! ah, les beaux yeux ! ah ! les belles mains ! Et ces mains-là, Monsieur, il ne les marchande pas, il en attrape toujours quelqu'une, qu'on retire ! couci, couci, et qu'il baise avec un appétit qui me désespère ; je l'ai laissé comme il en retenait une sur qui il s'était déjà jeté plus de dix fois, malgré qu'on en eût, ou qu'on n'en eût pas, et j'ai peur qu'à la fin elle ne lui reste[1].

ROSIMOND *et* DORIMÈNE *riant*.

Hé, hé, hé...

ROSIMOND

Cela est pourtant vif.

FRONTIN

Vous riez ?

ROSIMOND *riant, parlant de Dorimène*.

Oui, cette main-ci voudra peut-être bien me dédommager du tort qu'on me fait sur l'autre.

DORIMÈNE *lui donnant la main*.

Il y a de l'équité.

ROSIMOND *lui baisant la main*.

Qu'en dis-tu, Frontin, suis-je si à plaindre ?

FRONTIN

Monsieur, on sait bien que Madame a des mains ; mais je vous trouve toujours en arrière[1].

DORIMÈNE

Renvoyez cet homme-là, Monsieur ; j'admire votre sang-froid.

ROSIMOND

Va-t'en. C'est Marton qui lui a tourné la cervelle !

FRONTIN

Non, Monsieur, elle m'a corrigé, j'étais petit-maître aussi bien qu'un autre ; je ne voulais pas aimer Marton que je dois épouser, parce que je croyais qu'il était malhonnête d'aimer sa future ; mais cela n'est pas vrai, Monsieur, fiez-vous à ce que je dis, je n'étais qu'un sot, je l'ai bien compris. Faites comme moi, j'aime à présent de tout mon cœur, et je le dis tant qu'on veut : suivez mon exemple ; Hortense vous plaît, je l'ai remarqué, ce n'est que pour être joli homme, que vous la laissez là, et vous ne serez point joli, Monsieur.

DORIMÈNE

Marquis, que veut-il donc dire avec son Hortense, qui vous plaît ? Qu'est-ce que cela signifie ? Quel travers vous donne-t-il là ?

ROSIMOND

Qu'en sais-je ? Que voulez-vous qu'il ait vu ? On veut que je l'épouse et je l'épouserai ; d'empressement[1] ? on ne m'en a pas vu beaucoup jusqu'ici, je ne pourrai pourtant me dispenser d'en avoir, et j'en aurai parce qu'il le faut : voilà tout ce que j'y sache ; vous allez bien vite. (*À Frontin.*) Retire-toi.

FRONTIN

Quel dommage de négliger un cœur tout neuf ! cela est si rare !

DORIMÈNE

Partira-t-il ?

ROSIMOND

Va-t'en donc ! Faut-il que je te chasse ?

FRONTIN

Je n'ai pas tout dit, la lettre est retrouvée, Hortense et monsieur le Comte l'ont lue d'un bout à l'autre, mettez-y ordre ; ce maudit papier est encore de Madame.

DORIMÈNE

Quoi ! parle-t-il du billet que je vous ai envoyé ici de chez moi ?

ROSIMOND

C'est du même que j'avais perdu.

DORIMÈNE

Eh bien, le hasard est heureux, cela les met au fait.

ROSIMOND

Oh, j'ai pris mon parti là-dessus, je m'en démêlerai bien : Frontin nous tirera d'affaire.

FRONTIN

Moi, Monsieur ?

ROSIMOND

Oui, toi-même.

DORIMÈNE

On n'a pas besoin de lui là-dedans, il n'y a qu'à laisser aller les choses.

ROSIMOND

Ne vous embarrassez pas, voici Hortense et Dorante qui s'avancent, et qui paraissent s'entretenir avec assez de vivacité.

FRONTIN

Eh bien, Monsieur, si vous ne m'en croyez pas, cachez-vous un moment derrière cette petite palissade[1], pour entendre ce qu'ils disent, vous aurez le temps, ils ne vous voient point.

ROSIMOND

Il n'y aurait pas grand mal, (*Frontin s'en va*) le voulez-vous, Madame ? C'est une petite plaisanterie de campagne.

DORIMÈNE

Oui-da, cela nous divertira.

SCÈNE VIII

ROSIMOND, DORIMÈNE, *au bout du théâtre*, DORANTE, HORTENSE, *à l'autre bout*.

HORTENSE

Je vous crois sincère, Dorante ; mais quels que soient vos sentiments, je n'ai rien à y répondre jusqu'ici ; on me destine à un autre. (*À part.*) Je crois que je vois Rosimond.

DORANTE

Il sera donc votre époux, Madame ?

HORTENSE

Il ne l'est pas encore. (*À part.*) C'est lui avec Dorimène.

DORANTE

Je n'oserais vous demander s'il est aimé.

HORTENSE

Ah ! doucement : je n'hésite point à vous dire que non.

DORIMÈNE *à Rosimond*.

Cela vous afflige-t-il ?

ROSIMOND

Il faut qu'elle m'ait vu.

HORTENSE

Ce n'est pas que j'aie de l'éloignement pour lui, mais si j'aime jamais, il en coûtera un peu davantage pour me rendre sensible ! Je n'accorderai mon cœur qu'aux soins les plus tendres, qu'à tout ce que l'amour aura de plus respectueux, de plus soumis : il faudra qu'on me dise mille fois, Je vous aime, avant que je le croie, et que je m'en soucie ; qu'on se fasse une affaire de la dernière importance de me le persuader ; qu'on ait la modestie de craindre d'aimer en vain, et qu'on me demande enfin mon cœur comme une grâce qu'on sera trop heureux d'obtenir. Voilà à quel prix j'aimerai, Dorante, et je n'en rabattrai rien ; il est vrai qu'à ces conditions-là, je cours risque de rester insensible, surtout de la part d'un homme comme le Marquis, qui n'en est pas réduit à ne soupirer que pour une provinciale, et qui, au pis-aller, a touché le cœur de Dorimène.

DORIMÈNE *après avoir écouté.*

Au pis-aller ! dit-elle, au pis-aller ! avançons, Marquis.

ROSIMOND

Quel est donc votre dessein ?

DORIMÈNE

Laissez-moi faire, je ne gâterai rien.

HORTENSE

Quoi ! vous êtes là, Madame ?

DORIMÈNE

Eh oui, Madame, j'ai eu le plaisir de vous entendre ; vous peignez si bien ! Qui est-ce qui me prendrait pour un pis-aller, cela me ressemble tout à fait pourtant. Je vous apprends en revanche que vous nous tirez d'un grand embarras ; Rosimond vous est indifférent et c'est fort bien fait, il n'osait vous le dire : mais je parle pour lui ; son pis-aller lui est cher, et tout cela vient à merveille.

ROSIMOND *riant.*

Comment donc ! vous parlez pour moi ? Mais point du tout, Comtesse ! Finissons, je vous prie ; je ne reconnais point là mes sentiments.

DORIMÈNE

Taisez-vous, Marquis ; votre politesse ici, consiste à garder le silence : imaginez-vous que vous n'y êtes point.

ROSIMOND

Je vous dis qu'il n'est pas question de politesse, et que ce n'est pas là ce que je pense.

DORIMÈNE

Il bat la campagne. Ne faut-il pas en venir à dire ce qui est vrai ? Votre cœur et le mien sont engagés, vous m'aimez.

ROSIMOND *en riant*.

Eh ! qui est-ce qui ne vous aimerait pas ?

DORIMÈNE

L'occasion se présente de le dire et je le dis ; il faut bien que Madame le sache.

ROSIMOND

Oui ! Ceci est sérieux.

DORIMÈNE

Elle s'en doutait ; je ne lui apprends presque rien.

ROSIMOND

Ah, très peu de chose !

DORIMÈNE

Vous avez beau m'interrompre, on ne vous écoute pas. Voudriez-vous l'épouser, Hortense, prévenu d'une autre passion ? Non Madame, il faut qu'un mari vous aime, votre cœur ne s'en passerait pas ; ce sont vos usages, ils sont fort bons : n'en sortez point et travaillons de concert à rompre votre mariage.

ROSIMOND

Parbleu, Mesdames, je vous traverserai donc, car je vais travailler à le conclure.

HORTENSE

Eh ! non, Monsieur, vous ne vous ferez point ce tort-là, ni à moi non plus.

DORANTE

En effet, Marquis, à quoi bon feindre ? Je sais ce que tu penses, tu me l'as confié, d'ailleurs, quand je t'ai dit mes sentiments pour Madame, tu ne les as pas désapprouvés.

ROSIMOND

Je ne me souviens point de cela, et vous êtes un étourdi, qui me ferez des affaires avec Hortense.

HORTENSE

Eh ! Monsieur, point de mystère ! Vous n'ignorez pas mes dispositions, et il ne s'agit point ici de compliments.

ROSIMOND

Eh ! quoi ! Madame[1], faites-vous quelque attention à ce qu'on dit là ? Ils se divertissent.

DORANTE

Mais, parlons français. Est-ce que tu aimes Madame ?

ROSIMOND

Ah ! je suis ravi de vous voir curieux : c'est bien à vous à qui[2] j'en dois rendre compte. (*À Hortense.*) Je ne suis pas embarrassé de ma réponse : mais approuvez, je vous prie, que je mortifie sa curiosité.

DORIMÈNE *riant*.

Ha, ha, ha, ha !... il me prend envie aussi de lui demander s'il m'aime ? voulez-vous gager qu'il n'osera me l'avouer ? m'aimez-vous Marquis ?

ROSIMOND

Courage, je suis en butte aux questions.

DORIMÈNE

Ne l'ai-je pas dit ?

ROSIMOND à *Hortense*.

Et vous, Madame, serez-vous la seule qui ne m'en ferez point ?

HORTENSE

Je n'ai rien à savoir.

SCÈNE IX

FRONTIN, ROSIMOND,
DORIMÈNE, DORANTE, HORTENSE

FRONTIN

Monsieur, je vous avertis que voilà votre mère avec monsieur le Comte, qui vous cherchent, et qui viennent vous parler.

ROSIMOND à *Frontin*.

Reste ici.

DORANTE

Je te laisse donc, Marquis.

DORIMÈNE

Adieu, je reviendrai savoir ce qu'ils vous auront dit.

HORTENSE

Et moi je vous laisse penser à ce que vous leur direz.

ROSIMOND

Un moment, Madame ; que tout ce qui vient de

se passer ne vous fasse aucune impression : vous voyez ce que c'est que Dorimène ; vous avez dû démêler son esprit et la trouver singulière. C'est une manière de petit-maître en femme[1] qui tire sur le coquet, sur le cavalier même, n'y faisant pas grande façon pour dire ses sentiments, et qui s'avise d'en avoir pour moi, que je ne saurais brusquer comme vous voyez ; mais vous croyez bien qu'on sait faire la différence des personnes ; on distingue, Madame, on distingue. Hâtons-nous de conclure pour finir tout cela, je vous en supplie.

HORTENSE

Monsieur, je n'ai pas le temps de vous répondre ; on approche. Nous nous verrons tantôt.

ROSIMOND *quand elle part*.

La voilà, je crois, radoucie.

SCÈNE X

FRONTIN, ROSIMOND

FRONTIN

Je n'ai que faire ici, Monsieur ?

ROSIMOND

Reste, il va peut-être être question de ce billet perdu, et il faut que tu le prennes sur ton compte.

FRONTIN

Vous n'y songez pas, Monsieur ! Le diable qui a bien des secrets, n'aurait pas celui de persuader les gens, s'il était à ma place ; d'ailleurs Marton sait qu'il est à vous.

ROSIMOND

Je le veux, Frontin, je le veux, je suis convenu avec Marton, qu'elle dirait que je n'ai su ce que c'était ; ainsi, imaginez, faites comme il vous plaira, mais tirez-moi d'intrigue.

SCÈNE XI

ROSIMOND, FRONTIN,
LA MARQUISE, LE COMTE

LA MARQUISE

Mon fils, monsieur le Comte a besoin d'un éclaircissement, sur certaine lettre sans adresse, qu'on a trouvée et qu'on croit s'adresser à vous ? Dans la conjoncture où vous êtes, il est juste qu'on soit instruit là-dessus : parlez-nous naturellement, le style en est un peu libre sur Hortense ; mais on ne s'en prend point à vous.

ROSIMOND

Tout ce que je puis dire à cela, Madame, c'est que je n'ai point perdu de lettre ?

LE COMTE

Ce n'est pourtant qu'à vous qu'on peut avoir écrit celle dont nous parlons, monsieur le Marquis ; et j'ai dit même à Marton de vous la rendre. Vous l'a-t-elle rapportée ?

ROSIMOND

Oui, elle m'en a montré une qui ne m'appartenait point, (*à Frontin*) à propos, ne m'as-tu pas dit, toi, que tu en avais perdu une ? c'est peut-être la tienne.

FRONTIN

Monsieur, oui, je ne m'en ressouvenais plus ; mais cela se pourrait bien.

LE COMTE

Non, non, on vous y parle à vous positivement, le nom de marquis y est répété deux fois, et on y signe LA COMTESSE pour tout nom, ce qui pourrait convenir à Dorimène.

ROSIMOND *à Frontin*.

Eh bien, qu'en dis-tu ? Nous rendras-tu raison de ce que cela veut dire ?

FRONTIN

Mais, oui ; je me rappelle du marquis[1] dans cette lettre ; elle est, dites-vous, signée LA COMTESSE ? Oui, Monsieur, c'est cela même, comtesse et marquis, voilà l'histoire[2].

LE COMTE *riant*.

Hé, hé, hé ! Je ne savais pas que Frontin fût un marquis déguisé, ni qu'il fût en commerce de lettres avec des comtesses.

LA MARQUISE

Mon fils, cela ne paraît pas naturel.

ROSIMOND *à Frontin*.

Mais, te plaira-t-il de t'expliquer mieux ?

FRONTIN

Eh vraiment oui, il n'y a rien de si aisé ; on m'y appelle Marquis, n'est-il pas vrai ?

LE COMTE

Sans doute.

FRONTIN

Ah la folle ! On y signe COMTESSE.

LA MARQUISE

Eh bien ?

FRONTIN

Ah, ah, ah ! l'extravagante.

ROSIMOND

De qui parles-tu ?

FRONTIN

D'une étourdie que vous connaissez, Monsieur ; de Lisette.

LA MARQUISE

De la mienne ? de celle que j'ai laissée à Paris ?

FRONTIN

D'elle-même.

LE COMTE *riant*.

Et le nom de marquis, d'où te vient-il ?

FRONTIN

De sa grâce ; je suis un marquis de la promotion de Lisette, comme elle est comtesse de la promotion de Frontin, et cela est ordinaire. (*Au Comte.*) Tenez, Monsieur, je connais un garçon qui avait l'honneur d'être à vous pendant votre séjour à Paris, et qu'on appelait familièrement monsieur le Comte. Vous étiez le premier, il était le second. Cela ne se pratique pas autrement ; voilà l'usage parmi nous autres subalternes de qualité, pour établir quelque subordination entre la livrée bourgeoise et nous ; c'est ce qui nous distingue[1].

ROSIMOND

Ce qu'il vous dit est vrai.

LE COMTE *riant*.

Je le veux bien ; tout ce qui m'inquiète, c'est que

ma fille a vu cette lettre, elle ne m'en a pourtant pas paru moins tranquille : mais elle est réservée, et j'aurais peur qu'elle ne crût pas l'histoire des promotions de Frontin si aisément.

ROSIMOND

Mais aussi, de quoi s'avisent ces marauds-là ?

FRONTIN

Monsieur, chaque nation a ses coutumes ; voilà les coutumes de la nôtre.

LE COMTE

Il y pourrait, pourtant rester une petite difficulté ; c'est que dans cette lettre on y parle d'une provinciale, et d'un mariage avec elle qu'on veut empêcher en venant ici, cela ressemblerait assez à notre projet.

LA MARQUISE

J'en conviens.

ROSIMOND

Parle.

FRONTIN

Oh ! bagatelle. Vous allez être au fait. Je vous ai dit que nous prenions vos titres.

LE COMTE

Oui, vous prenez le nom de vos maîtres. Mais voilà tout apparemment.

FRONTIN

Oui, Monsieur, mais quand nos maîtres passent par le mariage, nous autres, nous quittons le célibat ; le maître épouse la maîtresse, et nous la suivante, c'est encore la règle ; et par cette règle que j'observerai, vous voyez bien que Marton me revient. Lisette, qui est là-bas, le sait, Lisette est jalouse, et Marton est tout de suite une provinciale, et tout de suite on menace de venir empêcher le mariage ; il est vrai qu'on n'est pas venu, mais on voulait venir.

LA MARQUISE

Tout cela se peut, monsieur le Comte, et d'ailleurs, il n'est pas possible de penser que mon fils préférât Dorimène à Hortense, il faudrait qu'il fût aveugle.

ROSIMOND

Monsieur est-il bien convaincu[1] ?

LE COMTE

N'en parlons plus, ce n'est pas même votre amour pour Dorimène qui m'inquiéterait ; je sais ce que c'est que ces amours-là : entre vous autres gens du bel air, souffrez que je vous dise que vous ne vous aimez guère, et Dorimène notre alliée est un peu sur ce ton-là. Pour vous, Marquis, croyez-moi, ne donnez plus dans ces façons, elles ne sont pas dignes de vous ; je vous parle déjà comme à mon gendre : vous avez de l'esprit et de la raison, et vous êtes né avec tant d'avantage[1], que vous n'avez pas besoin de vous distinguer par de faux airs ; restez ce que vous êtes, vous en vaudrez mieux ; mon âge, mon estime pour vous, et ce que je vais vous devenir me permettent de vous parler ainsi.

ROSIMOND

Je n'y trouve point à redire.

LA MARQUISE

Et je vous prie, mon fils, d'y faire attention.

LE COMTE

Changeons de discours ; Marton est-elle là ? Regarde, Frontin.

FRONTIN

Oui, Monsieur, je l'aperçois qui passe avec ces dames. (*Il l'appelle.*) Marton !

MARTON *paraît*.

Qu'est-ce qui me demande ?

LE COMTE

Dites à ma fille de venir.

MARTON

La voilà qui s'avance, Monsieur.

SCÈNE XII

HORTENSE, DORIMÈNE, DORANTE, ROSIMOND, LA MARQUISE, LE COMTE, MARTON, FRONTIN

LE COMTE

Approchez, Hortense, il n'est plus nécessaire d'attendre mon frère ; il me l'écrit lui-même, et me mande de conclure[1] ; ainsi nous signons le contrat ce soir, et nous vous marions demain.

HORTENSE *se mettant à genoux.*

Signer le contrat ce soir, et demain me marier. Ah ! mon père, souffrez que je me jette à vos genoux pour vous conjurer qu'il n'en soit rien ; je ne croyais pas qu'on irait si vite, et je devais vous parler tantôt.

LE COMTE *relevant sa fille et se tournant du côté de la Marquise.*

J'ai prévu ce que je vois là. Ma fille, je sens les motifs de votre refus ; c'est ce billet qu'on a perdu qui vous alarme ; mais Rosimond dit qu'il ne sait ce que c'est. Et Frontin...

HORTENSE

Rosimond est trop honnête pour le nier sérieusement, mon père. Les vues[2] qu'on avait pour nous ont peut-être pu l'engager d'abord à le nier ; mais j'ai si bonne opinion de lui, que je suis persuadée qu'il ne le désavouera plus. (*À Rosimond.*) Ne justifierez-vous pas ce que je dis là, Monsieur ?

ROSIMOND

En vérité, Madame, je suis dans une si grande surprise...

HORTENSE

Marton vous l'a vu recevoir, Monsieur.

FRONTIN

Et non, celui-là était à moi, Madame : je viens d'expliquer cela ; demandez.

HORTENSE

Marton ! on vous a dit de le rendre à Rosimond, l'avez-vous fait ? dites la vérité ?

MARTON

Ma foi, Monsieur, le cas devient trop grave, il faut que je parle : Oui, Madame, je l'ai rendu à Monsieur qui l'a remis dans sa poche ; je lui avais promis de dire qu'il ne l'avait pas repris, sous prétexte qu'il ne lui appartenait pas, et j'aurais glissé cela tout doucement si les choses avaient glissé de même : mais j'avais promis un petit mensonge, et non pas un faux serment, et c'en serait un que de badiner avec des interrogations de cette force-là ; ainsi donc,

Madame, j'ai rendu le billet, Monsieur l'a repris ; et si Frontin dit qu'il est à lui, je suis obligée en conscience de déclarer que Frontin est un fripon.

FRONTIN

Je ne l'étais que pour le bien de la chose, moi, c'était un service d'ami que je rendais.

MARTON

Je me rappelle même que Monsieur, en ouvrant le billet que Frontin lui donnait, s'est écrié : c'est de ma folle de Comtesse ! Je ne sais de qui il parlait.

LE COMTE *à Dorimène*.

Je n'ose vous dire que j'en ai reconnu l'écriture ; j'ai reçu de vos lettres, Madame.

DORIMÈNE

Vous jugez bien que je n'attendrai pas les explications ; qu'il les fasse.

Elle sort.

LA MARQUISE *sortant aussi*.

Il peut épouser qui il voudra, mais je ne veux plus le voir, et je le déshérite.

LE COMTE *qui la suit*.

Nous ne vous laisserons pas dans ce dessein-là, Marquise.

Hortense les suit.

DORANTE *à Rosimond en s'en allant.*

Ne t'inquiète pas, nous apaiserons la Marquise, et heureusement te voilà libre.

FRONTIN

Et cassé[1].

SCÈNE XIII

FRONTIN, ROSIMOND

ROSIMOND *regarde Frontin, et puis rit.*

Ha, ha, ha !

FRONTIN

J'ai vu qu'on pleurait de ses pertes, mais je n'en ai jamais vu rire ; il n'y a pourtant plus d'Hortense.

ROSIMOND

Je la regrette, dans le fond.

FRONTIN

Elle ne vous regrette guère, elle.

ROSIMOND

Plus que tu ne crois, peut-être.

FRONTIN

Elle en donne de belles marques !

ROSIMOND

Ce qui m'en fâche, c'est que me voilà pourtant obligé d'épouser cette folle de Comtesse ; il n'y a point d'autre parti à prendre ; car, à propos de quoi Hortense me refuserait-elle, si ce n'est à cause de Dorimène. Il faut qu'on le sache, et qu'on n'en doute pas[1] : je suis outré ; allons, tout n'est pas désespéré, je parlerai à Hortense, et je la ramènerai. Qu'en dis-tu ?

FRONTIN

Rien. Quand je suis affligé ; je ne pense plus.

ROSIMOND

Oh ! que veux-tu que j'y fasse ?

FIN DU SECOND ACTE

ACTE III

SCÈNE PREMIÈRE

MARTON, HORTENSE, FRONTIN

HORTENSE

Je ne sais plus quel parti prendre.

MARTON

Il est, dit-on, dans une extrême agitation, il se fâche, il fait l'indifférent à ce que dit Frontin ; il va trouver Dorimène, il la quitte ; quelquefois il soupire : ainsi, ne vous rebutez pas, Madame ; voyez ce qu'il vous veut, et ce que produira le désordre d'esprit où il est ; allons jusqu'au bout.

HORTENSE

Oui ; Marton, je le crois touché, et c'est là ce qui m'en rebute le plus ; car qu'est-ce que c'est que la ridiculité d'un homme qui m'aime, et qui, par vaine gloire, n'a pu encore se résoudre à me le dire, aussi franchement, aussi naïvement qu'il le sent ?

MARTON

Eh ! Madame, plus il se débat, et plus il s'affaiblit ; il faut bien que son impertinence s'épuise ; achevez de l'en guérir. Quel reproche ne vous feriez-vous pas un jour s'il s'en retournait ridicule ? Je lui avais donné de l'amour, vous diriez-vous, et ce n'est pas là un présent si rare ; mais il n'avait point de raison, je pouvais lui en donner, il n'y avait peut-être que moi qui en fût capable, et j'ai laissé partir cet honnête homme sans lui rendre ce service-là qui nous aurait tant accommodé tous deux. Cela est bien dur ; je ne méritais pas les beaux yeux que j'ai.

HORTENSE

Tu badines, et je ne ris point ; car si je ne réussis pas, je serai désolée, je te l'avoue ; achevons pourtant.

MARTON

Ne l'épargnez point : désespérez-le pour le vaincre ; Frontin là-bas attend votre réponse pour la porter à son maître. Lui dira-t-il qu'il vienne ?

HORTENSE

Dis-lui d'approcher.

MARTON *à Frontin.*

Avance.

HORTENSE

Sais-tu ce que me veut ton maître ?

FRONTIN

Hélas ! Madame, il ne le sait pas lui-même, mais je crois le savoir.

HORTENSE

Apparemment qu'il a quelque motif, puisqu'il demande à me voir.

FRONTIN

Non, Madame, il n'y a encore rien de réglé là-dessus ; et en attendant, c'est par force qu'il demande à vous voir ; il ne saurait faire autrement : il n'y a pas moyen qu'il s'en passe ; il faut qu'il vienne.

HORTENSE

Je ne t'entends point.

FRONTIN

Je ne m'entends pas trop non plus, mais je sais bien ce que je veux dire.

MARTON

C'est son cœur qui le mène en dépit qu'il en ait, voilà ce que c'est.

FRONTIN

Tu l'as dit : c'est son cœur qui a besoin du vôtre,

Madame ; qui voudrait l'avoir à bon marché ; qui vient savoir à quel prix vous le mettez ; le marchander du mieux qu'il pourra, et finir par en donner tout ce que vous voudrez ; tout ménager qu'il est ; c'est ma pensée[1].

HORTENSE

À tout hasard, va le chercher.

SCÈNE II

HORTENSE, MARTON

HORTENSE

Marton, je ne veux pas lui parler d'abord, je suis d'avis de l'impatienter ; dis-lui que dans le cas présent je n'ai pas jugé qu'il fût nécessaire de nous voir, et que je le prie de vouloir bien s'expliquer avec toi sur ce qu'il a à me dire ; s'il insiste, je ne m'écarte point, et tu m'en avertiras.

MARTON

C'est bien dit : Hâtez-vous de vous retirer, car je crois qu'il avance.

SCÈNE III

MARTON, ROSIMOND

ROSIMOND *agité*.

Où est donc votre maîtresse ?

MARTON

Monsieur, ne pouvez-vous pas me confier ce que vous lui voulez ; après tout ce qui s'est passé, il ne sied pas beaucoup, dit-elle, que vous ayez un entretien ensemble, elle souhaiterait se l'épargner ; d'ailleurs, je m'imagine qu'elle ne veut pas inquiéter Dorante qui ne la quitte guère[1], et vous n'avez qu'à me dire de quoi il s'agit.

ROSIMOND

Quoi ! c'est la peur d'inquiéter Dorante qui l'empêche de venir ?

MARTON

Peut-être bien.

ROSIMOND

Ah ! celui-là[2] me paraît neuf. On a de plaisants goûts en province ; Dorante... de sorte donc qu'elle a cru que je voulais lui parler d'amour. Ah ! Marton, je suis bien aise de la désabuser ; allez lui dire qu'il n'en est pas question, que je n'y songe point, qu'elle peut venir avec Dorante même si elle veut, pour plus de sûreté ; dites-lui qu'il ne s'agit que de Dorimène, et que c'est une grâce que j'ai à lui demander pour elle, rien que cela ; allez, ha, ha, ha !

MARTON

Vous l'attendrez ici, Monsieur.

ROSIMOND

Sans doute.

MARTON

Souhaitez-vous qu'elle amène Dorante ? ou viendra-t-elle seule ?

ROSIMOND

Comme il lui plaira ; quant à moi, je n'ai que faire de lui. (*Rosimond un moment seul riant.*) Dorante l'emporte sur moi. Je n'aurais pas parié pour lui ; sans cet avis-là j'allais faire une belle tentative ! Mais que me veut cette femme-ci ?

SCÈNE IV

DORIMÈNE, ROSIMOND

DORIMÈNE

Marquis, je viens vous avertir que je pars ; vous sentez bien qu'il ne me convient plus de rester, et je n'ai plus qu'à dire adieu à ces gens-ci. Je retourne à ma terre ; de là à Paris où je vous attends pour notre mariage ; car il est devenu nécessaire depuis l'éclat qu'on a fait ; vous ne pouvez me venger du dédain de votre mère que par là ; il faut absolument que je vous épouse.

ROSIMOND

Eh oui, Madame, on vous épousera : mais j'ai pour nous, à présent, quelques mesures à prendre, qui ne demandent pas que vous soyez présente, et que je manquerais si vous ne me laissez pas.

DORIMÈNE

Qu'est-ce que c'est que ces mesures ? Dites-les-moi en deux mots.

ROSIMOND

Je ne saurais ; je n'en ai pas le temps.

DORIMÈNE

Donnez-m'en la moindre idée, ne faites rien sans conseil : vous avez quelquefois besoin qu'on vous conduise, Marquis ; voyons le parti que vous prenez.

ROSIMOND

Vous me chagrinez. (*À part.*) Que lui dirai-je ? C'est que je veux ménager un raccommodement entre vous et ma mère.

DORIMÈNE

Cela ne vaut rien ; je n'en suis pas encore d'avis : écoutez-moi.

ROSIMOND

Eh, morbleu ! Ne vous embarrassez pas, c'est un mouvement qu'il faut que je me donne.

DORIMÈNE

D'où vient le faut-il[1] ?

ROSIMOND

C'est qu'on croirait peut-être que je regrette Hortense, et je veux qu'on sache qu'elle ne me refuse que parce que j'aime ailleurs.

DORIMÈNE

Eh bien, il n'en sera que mieux que je sois présente, la preuve de votre amour en sera encore plus forte, quoiqu'à vrai dire, elle soit inutile ; ne sait-on pas que vous m'aimez ? Cela est si bien établi et si croyable.

ROSIMOND

Eh ! De grâce, Madame, allez-vous-en. (*À part.*) Ne pourrai-je l'écarter ?

DORIMÈNE

Attendez donc ; ne pouvez-vous m'épouser qu'avec l'agrément de votre mère ? Il serait plus flatteur pour moi qu'on s'en passât, si cela se peut, et d'ailleurs c'est que je ne me raccommoderai point : je suis piquée.

ROSIMOND

Restez piquée, soit ; ne vous raccommodez point, ne m'épousez pas[1] : mais retirez-vous pour un moment.

DORIMÈNE

Que vous êtes entêté !

ROSIMOND *à part*.

L'incommode femme !

DORIMÈNE

Parlons raison. À qui vous adressez-vous ?

ROSIMOND

Puisque vous voulez le savoir, c'est à Hortense[2] que j'attends, et qui arrive, je pense.

DORIMÈNE

Je vous laisse donc, à condition que je reviendrai savoir ce que vous aurez conclu avec elle : entendez-vous ?

ROSIMOND

Eh ! non, tenez-vous en repos ; j'irai vous le dire.

SCÈNE V

ROSIMOND, HORTENSE, MARTON

MARTON *en entrant, à Hortense.*

Madame n'hésitez point à entretenir monsieur le Marquis, il m'a assuré qu'il ne serait point question d'amour entre vous, et que ce qu'il a à vous dire ne concerne uniquement que Dorimène ; il m'en a donné sa parole.

ROSIMOND *à part.*

Le préambule est fort nécessaire.

HORTENSE

Vous n'avez qu'à rester, Marton.

ROSIMOND *à part.*

Autre précaution.

MARTON *à part.*

Voyons comme il s'y prendra.

HORTENSE

Que puis-je faire pour obliger Dorimène, Monsieur ?

ROSIMOND *à part.*

Je me sens ému... (*Haut.*) Il ne s'agit plus de rien,

Madame, elle m'avait prié de vous engager à disposer l'esprit de ma mère en sa faveur ; mais ce n'est pas la peine, cette démarche-là ne réussirait pas.

HORTENSE

J'en ai meilleure augure[1] ; essayons toujours : mon père y songeait, et moi aussi, Monsieur : ainsi, comptez tous deux sur nous. Est-ce là tout ?

ROSIMOND

J'avais à vous parler de son billet qu'on a trouvé, et je venais vous protester que je n'y ai point de part ; que j'en ai senti tout le manque de raison, et qu'il m'a touché plus que je ne puis le dire.

MARTON *en riant*.

Hélas !

HORTENSE

Pure bagatelle qu'on pardonne à l'amour.

ROSIMOND

C'est qu'assurément vous ne méritez pas la façon de penser qu'elle y a eu ; vous ne la méritez pas.

MARTON *à part*.

Vous ne la méritez pas ?

HORTENSE

Je vous jure, Monsieur, que je n'y ai point pris

garde, et que je n'en agirai pas moins vivement dans cette occasion-ci. Vous n'avez plus rien à me dire, je pense ?

ROSIMOND

Notre entretien vous est si à charge, que j'hésite de[1] le continuer.

HORTENSE

Parlez, Monsieur.

MARTON *à part*.

Écoutons.

ROSIMOND

Je ne saurais revenir de mon étonnement : j'admire le malentendu qui nous sépare ; car enfin, pourquoi rompons-nous ?

MARTON *riant à part*.

Voyez quelle aisance !

ROSIMOND

Un mariage arrêté, convenable, que nos parents souhaitaient, dont je faisais tout le cas qu'il fallait, par quelle tracasserie arrive-t-il qu'il ne s'achève pas ? Cela me passe.

HORTENSE

Ne devez-vous pas être charmé, Monsieur, qu'on

vous débarrasse d'un mariage où vous ne vous engagiez que par complaisance ?

ROSIMOND

Par complaisance !

MARTON

Par complaisance ! Ah ! Madame, où se récriera-t-on, si ce n'est ici ? Malheur à tout homme qui pourrait écouter cela de sang-froid.

ROSIMOND

Elle a raison. Quand on n'examine pas les gens, voilà comme on les explique.

MARTON *à part*.

Voilà comme on est un sot.

ROSIMOND

J'avais cru pourtant vous avoir donné quelque preuve de délicatesse de sentiment. (*Hortense rit. Rosimond continue.*) Oui, Madame, de délicatesse.

MARTON *toujours à part*.

Cet homme-là est incurable[1].

ROSIMOND

Il n'y a qu'à suivre ma conduite ; toutes vos attentions ont été pour Dorante, songez-y ; à peine m'avez-vous regardé : là-dessus, je me suis piqué, cela est dans l'ordre. J'ai paru manquer d'empressement, j'en conviens, j'ai fait l'indifférent, même le fier, si vous voulez ; j'étais fâché : cela est-il si désobligeant ? Est-ce là de la complaisance ? Voilà mes torts. Auriez-vous mieux aimé qu'on ne prît garde à rien ? Qu'on ne sentît rien ? Qu'on eût été content sans devoir l'être ? Et fit-on jamais aux gens les reproches que vous me faites, Madame ?

HORTENSE

Vous vous plaignez si joliment, que je ne me lasserais point de vous entendre ; mais il est temps que je me retire. Adieu, Monsieur.

MARTON

Encore un instant, Monsieur me charme ; on ne trouve pas toujours des amants d'une espèce aussi rare.

ROSIMOND

Mais, restez donc, Madame, vous ne me dites mot ; convenons de quelque chose. Y a-t-il matière de rupture entre nous ? Où allez-vous ? Presser ma mère de se raccommoder avec Dorimène ? Oh ! vous me permettrez de vous retenir ! Vous n'irez pas. Qu'elles restent brouillées, je ne veux point de Dorimène ; je n'en veux qu'à vous. Vous laisserez là Dorante, et il n'y a point ici, s'il vous plaît, d'autre raccommodement à faire que le mien avec vous ; il n'y en a point de plus pressé.

Ah çà, voyons ; vous rendez-vous justice ? Me la rendez-vous ? Croyez-vous qu'on sente ce que vous valez ? Sommes-nous enfin d'accord ? En est-ce fait ? Vous ne me répondez rien.

MARTON

Tenez, Madame, vous croyez peut-être que monsieur le Marquis ne vous aime point, parce qu'il ne vous le dit pas bien bourgeoisement[1], et en termes précis ; mais faut-il réduire un homme comme lui à cette extrémité-là ? Ne doit-on pas l'aimer gratis[2] ? À votre place, pourtant, Monsieur, je m'y résoudrais. Qui est-ce qui le saura ? Je vous garderai le secret. Je m'en vais, car j'ai de la peine à voir qu'on vous maltraite.

ROSIMOND

Qu'est-ce que c'est que ce discours ?

HORTENSE

C'est une étourdie qui parle : mais il faut qu'à mon tour la vérité m'échappe, Monsieur, je n'y saurais résister. C'est que votre petit jargon de galanterie me choque, me révolte, il soulève la raison : C'est pourtant dommage. Voici Dorimène qui approche, et à qui je vais confirmer tout ce que je vous ai promis, et pour vous, et pour elle.

SCÈNE VI

DORIMÈNE, HORTENSE, ROSIMOND

DORIMÈNE

Je ne suis point de trop, Madame, je sais le sujet de votre entretien, il me l'a dit.

HORTENSE

Oui, Madame, et je l'assurais que mon père et moi n'oublierons rien pour réussir à ce que vous souhaitez.

DORIMÈNE

Ce n'est pas pour moi qu'il le souhaite, Madame, et c'est bien malgré moi qu'il vous en a parlé.

HORTENSE

Malgré vous ? Il m'a pourtant dit que vous l'en aviez prié.

DORIMÈNE

Eh, point du tout, nous avons pensé nous quereller là-dessus à cause de la répugnance que j'y avais : il n'a pas même voulu que je fusse présente à votre entretien. Il est vrai que le motif de son obstination est si tendre, que je me serais rendue ; mais j'accours pour vous prier de laisser tout là. Je viens de rencontrer la Marquise qui m'a saluée d'un air si glacé, si dédaigneux, que voilà qui est fait, abandonnons ce projet ; il y a des moyens de se passer d'une cérémonie si désagréable : elle me rebuterait de notre mariage.

ROSIMOND

Il ne se fera jamais, Madame.

DORIMÈNE

Vous êtes un petit emporté.

HORTENSE

Vous voyez, Madame, jusqu'où le dépit porte un cœur tendre[1].

DORIMÈNE

C'est que c'est une démarche si dure, si humiliante.

HORTENSE

Elle est nécessaire ; il ne serait pas séant de vous marier sans l'aveu de madame la Marquise, et nous allons agir mon père et moi, s'il ne l'a déjà fait.

ROSIMOND

Non, Madame, je vous prie très sérieusement qu'il ne s'en mêle point, ni vous non plus.

DORIMÈNE

Et moi, je vous prie qu'il s'en mêle, et vous

aussi, Hortense. Le voici qui vient, je vais lui en parler moi-même. Êtes-vous content, petit ingrat ? Quelle complaisance il faut avoir !

SCÈNE VII

LE COMTE, DORANTE,
DORIMÈNE, HORTENSE, ROSIMOND

LE COMTE *à Dorimène*.

Venez, Madame, hâtez-vous de grâce, nous avons laissé la Marquise avec quelques amis qui tâchent de la gagner. Le moment m'a paru favorable : présentez-vous, Madame, et venez, par vos politesses, achever de la déterminer ; ce sont des pas que la bienséance exige que vous fassiez. Suivez-nous aussi, ma fille ; et vous, Marquis, attendez ici, on vous dira quand il sera temps de paraître.

ROSIMOND *à part*.

Ceci est trop fort.

DORIMÈNE

Je vous rends mille grâces de vos soins, monsieur le Comte. Adieu, Marquis, tranquillisez-vous donc.

DORANTE *à Rosimond*.

Point d'inquiétude, nous te rapporterons de bonnes nouvelles.

HORTENSE

Je me charge de vous les venir dire.

SCÈNE VIII

ROSIMOND *abattu et rêveur*, FRONTIN

FRONTIN *bas*.

Son air rêveur est de mauvais présage… (*Haut.*) Monsieur.

ROSIMOND

Que me veux-tu ?

FRONTIN

Épousons-nous Hortense ?

ROSIMOND

Non, je n'épouse personne.

FRONTIN

Et cet entretien que vous avez eu avec elle, il a donc mal fini ?

ROSIMOND

Très mal.

FRONTIN

Pourquoi cela ?

ROSIMOND

C'est que je lui ai déplu.

FRONTIN

Je vous crois.

ROSIMOND

Elle dit que je la choque.

FRONTIN

Je n'en doute pas ; j'ai prévu son indignation.

ROSIMOND

Quoi ! Frontin, tu trouves qu'elle a raison ?

FRONTIN

Je trouve que vous seriez charmant, si vous ne faisiez pas le petit agréable[1] : ce sont vos agréments qui vous perdent.

ROSIMOND

Mais, Frontin, je sors du monde ; y étais-je si étrange ?

FRONTIN

On s'y moquait de nous la plupart du temps ; je l'ai fort bien remarqué, Monsieur ; les gens raisonnables ne pouvaient pas nous souffrir ; en vérité, vous ne plaisiez qu'aux Dorimènes, et moi aussi ; et nos camarades n'étaient que des étourdis : Je le sens bien à présent ; et si vous l'aviez senti aussi tôt que moi, l'adorable Hortense vous aurait autant chéri que me chérit sa gentille suivante qui m'a défait de toute mon impertinence.

ROSIMOND

Est-ce, qu'en effet, il y aurait de ma faute ?

FRONTIN

Regardez-moi : est-ce que vous me reconnaissez, par exemple ? Voyez comme je parle naturellement à cette heure, en comparaison d'autrefois que je prenais des tons si sots : Bonjour, la belle enfant, qu'est-ce[1] ? Eh ! comment vous portez-vous ? Voilà comme vous m'aviez appris à faire, et cela me fatiguait ; au lieu qu'à présent je suis si à mon aise : Bonjour, Marton, comment te portes-tu ? Cela coule de source, et on est gracieux, avec toute la commodité possible.

ROSIMOND

Laisse-moi, il n'y a plus de ressource : Et tu me chagrines.

SCÈNE IX

MARTON, FRONTIN, ROSIMOND

FRONTIN *à part à Marton*.

Encore une petite façon[2], et nous le tenons, Marton.

MARTON *à part les premiers mots*.

Je vais l'achever. Monsieur : ma maîtresse que j'ai rencontrée en passant, comme elle vous quittait, m'a chargé de vous prier d'une chose qu'elle a oubliée de vous dire[1] tantôt, et dont elle n'aurait peut-être pas le temps de vous avertir assez tôt : C'est que monsieur le Comte pourra vous parler de Dorante, vous faire quelques questions sur son caractère ; et elle souhaiterait que vous en dissiez du bien, non pas qu'elle l'aime encore ; mais comme il s'y prend d'une manière à lui plaire, il sera bon, à tout hasard, que monsieur le Comte soit prévenu en sa faveur.

ROSIMOND

Oh ! Parbleu, c'en est trop ; ce trait me pousse à bout : Allez, Marton, dites à votre maîtresse que son procédé est injurieux, et que Dorante, pour qui elle veut que je parle, me répondra de l'affront qu'on me fait aujourd'hui.

MARTON

Hé, Monsieur ! À qui en avez-vous ? Quel mal vous fait-on ? Par quel intérêt refusez-vous d'obliger ma maîtresse, qui vous sert actuellement vous-même, et qui en revanche, vous demande en grâce de servir votre propre ami. Je ne vous conçois pas ! Frontin, quelle fantaisie lui prend-il donc ? Pourquoi se fâche-t-il contre Hortense ? Sais-tu ce que c'est ?

FRONTIN

Eh, mon enfant, c'est qu'il l'aime.

MARTON

Bon ! Tu rêves. Cela ne se peut pas. Dit-il vrai, Monsieur ?

ROSIMOND

Marton, je suis au désespoir !

MARTON

Quoi ! Vous ?

ROSIMOND

Ne me trahis pas ; je rougirais que l'ingrate le sût : mais, je te l'avoue, Marton : oui, je l'aime, je l'adore, et je ne saurais supporter sa perte.

MARTON

Ah ! C'est parler que cela ; voilà ce qu'on appelle des expressions.

ROSIMOND

Garde-toi surtout de les répéter.

MARTON

Voilà qui ne vaut rien ; vous retombez[1].

FRONTIN

Oui, Monsieur, dites toujours : je l'adore ; ce mot-là vous portera bonheur.

ROSIMOND

L'ingrate !

MARTON

Vous avez tort ; car il faut que je me fâche à mon tour. Est-ce que ma maîtresse se doute seulement que vous l'aimez ; jamais le mot d'amour est-il sorti de votre bouche pour elle ? Il semblait que vous auriez eu peur de compromettre votre importance ; ce n'était pas la peine que votre cœur se développât sérieusement pour ma maîtresse, ni qu'il se mît en frais de sentiment pour elle. Trop heureuse de vous épouser, vous lui faisiez la grâce d'y consentir : je ne vous parle si franchement, que pour vous mettre au fait de vos torts ; il faut que vous les sentiez : c'est de vos façons dont vous devez rougir, et non pas d'un amour qui ne vous fait qu'honneur.

FRONTIN

Si vous saviez le chagrin que nous en avions, Marton et moi ; nous en étions si pénétrés...

ROSIMOND

Je me suis mal conduit, j'en conviens.

MARTON

Avec tout ce qui peut rendre un homme aimable, vous n'avez rien oublié pour vous empêcher de l'être. Souvenez-vous des discours de tantôt ; j'en étais dans une fureur...

FRONTIN

Oui, elle m'a dit que vous l'aviez scandalisée ; car elle est notre amie.

MARTON

C'est un malentendu qui nous sépare ; et puis, concluons quelque chose, un mariage arrêté, convenable, dont je faisais cas : voilà de votre style ; et avec qui ? Avec la plus charmante et la plus raisonnable fille du monde, et je dirai même, la plus disposée d'abord à vous vouloir du bien.

ROSIMOND

Ah ! Marton, n'en dis pas davantage. J'ouvre les yeux ; je me déteste[1], et il n'est plus temps !

MARTON

Je ne dis pas cela, monsieur le Marquis, votre état me touche, et peut-être touchera-t-il ma maîtresse.

FRONTIN

Cette belle dame a l'air si clément.

MARTON

Me promettez-vous de rester comme vous êtes ? Continuerez-vous d'être aussi aimable que vous l'êtes actuellement ? En est-ce fait ? N'y a-t-il plus de petit-maître ?

ROSIMOND

Je suis confus de l'avoir été, Marton.

FRONTIN

Je pleure de joie.

MARTON

Eh bien, portez-lui donc ce cœur tendre, et repentant ; jetez-vous à ses genoux, et n'en sortez point qu'elle ne vous ait fait grâce.

ROSIMOND

Je m'y jetterai, Marton, mais sans espérance, puisqu'elle aime Dorante.

MARTON

Doucement ; Dorante ne lui a plu qu'en s'efforçant de lui plaire, et vous lui avez plu d'abord ; cela est différent : c'est reconnaissance pour lui, c'était inclination pour vous, et l'inclination reprendra ses droits[1]. Je la vois qui s'avance ; nous vous laissons avec elle.

SCÈNE X

ROSIMOND, HORTENSE

HORTENSE

Bonnes nouvelles, monsieur le Marquis, tout est pacifié.

ROSIMOND *se jetant à ses genoux*.

Et moi je meurs de douleur, et je renonce à tout, puisque je vous perds, Madame.

HORTENSE

Ah, Ciel ! Levez-vous, Rosimond ; ne vous troublez pas, et dites-moi ce que cela signifie.

ROSIMOND

Je ne mérite pas, Hortense, la bonté que vous avez de m'entendre ; et ce n'est pas en me flattant de vous fléchir, que je viens d'embrasser vos genoux. Non, je me fais justice ; je ne suis pas même digne de votre haine, et vous ne me devez que du mépris ; mais mon cœur vous a manqué de respect ; il vous a refusé l'aveu de tout l'amour dont vous l'aviez pénétré, et je veux, pour l'en punir, vous déclarer les motifs ridicules du mystère qu'il vous en a fait. Oui, belle Hortense, cet amour que je ne méritais pas de sentir, je ne vous l'ai caché que par le plus misérable, par le plus incroyable orgueil qui fût jamais. Triomphez donc d'un malheureux qui vous adorait, qui a pourtant négligé de vous le dire, et qui a porté la présomption, jusqu'à croire que vous l'aimeriez sans cela : voilà ce que j'étais devenu par de faux airs ; refusez-m'en le pardon que je vous en demande ; prenez en réparation de mes folies l'humiliation que j'ai voulu subir en vous les apprenant ; si ce n'est pas assez, riez-en vous-même[1], et soyez sûre d'en être toujours vengée par la douleur éternelle que j'en emporte.

SCÈNE XI

DORIMÈNE, DORANTE,
HORTENSE, ROSIMOND

DORIMÈNE

Enfin, Marquis, vous ne vous plaindrez plus ; je suis à vous, il vous est permis de m'épouser ; il est vrai qu'il m'en coûte le sacrifice de ma fierté : mais, que ne fait-on pas pour ce qu'on aime ?

ROSIMOND

Un moment, de grâce, Madame.

DORANTE

Votre père consent à mon bonheur, si vous y consentez vous-même, Madame.

HORTENSE

Dans un instant, Dorante.

ROSIMOND *à Hortense.*

Vous ne me dites rien, Hortense ? Je n'aurai pas même, en partant, la triste consolation d'espérer que vous me plaindrez.

DORIMÈNE

Que veut-il dire avec sa consolation ? De quoi demande-t-il donc qu'on le plaigne ?

ROSIMOND

Ayez la bonté de ne pas m'interrompre.

HORTENSE

Quoi, Rosimond, vous m'aimez ?

ROSIMOND

Et mon amour ne finira qu'avec ma vie.

DORIMÈNE

Mais, parlez donc ? Répétez-vous une scène de comédie ?

ROSIMOND

Eh ! de grâce.

DORANTE

Que dois-je penser, Madame ?

HORTENSE

Tout à l'heure. (*À Rosimond.*) Et vous n'aimez pas Dorimène ?

ROSIMOND

Elle est présente ; et je dis que je vous adore ; et je le dis sans être infidèle : approuvez que je n'en dise pas davantage.

DORIMÈNE

Comment donc, vous l'adorez ! Vous ne m'aimez pas ? A-t-il perdu l'esprit ? Je ne plaisante plus, moi.

DORANTE

Tirez-moi de l'inquiétude où je suis, Madame ?

ROSIMOND

Adieu, belle Hortense ; ma présence doit vous être à charge. Puisse Dorante, à qui vous accordez votre cœur, sentir toute l'étendue du bonheur que je perds. (*À Dorante.*) Tu me donnes la mort, Dorante ; mais je ne mérite pas de vivre, et je te pardonne.

DORIMÈNE

Voilà qui est bien particulier !

HORTENSE

Arrêtez, Rosimond ; ma main peut-elle effacer le ressouvenir de la peine que je vous ai faite ? Je vous la donne.

ROSIMOND

Je devrais expirer d'amour, de transport et de reconnaissance.

DORIMÈNE

C'est un rêve ! Voyons. À quoi cela aboutira-t-il ?

HORTENSE *à Rosimond*.

Ne me sachez pas mauvais gré de ce qui s'est passé ; je vous ai refusé ma main, j'ai montré de l'éloignement pour vous ; rien de tout cela n'était sincère : c'était mon cœur qui éprouvait le vôtre[1]. Vous devez tout à mon penchant ; je voulais pouvoir m'y livrer, je voulais que ma raison fût contente, et vous comblez mes souhaits : jugez à présent du cas que j'ai fait de votre cœur par tout ce que j'ai tenté pour en obtenir la tendresse entière.

Rosimond se jette à genoux.

DORIMÈNE *en s'en allant.*

Adieu. Je vous annonce qu'il faudra l'enfermer au premier jour.

SCÈNE XII

LE COMTE, LA MARQUISE,
MARTON, FRONTIN

LE COMTE

Rosimond à vos pieds, ma fille ! Qu'est-ce que cela veut dire ?

HORTENSE

Mon père, c'est Rosimond qui m'aime, et que j'épouserai si vous le souhaitez.

ROSIMOND

Oui, Monsieur, c'est Rosimond devenu raisonnable, et qui ne voit rien d'égal au bonheur de son sort.

LE COMTE *à Dorante*.

Nous les destinions l'un à l'autre, Monsieur ; vous m'aviez demandé ma fille : mais vous voyez bien qu'il n'est plus question d'y songer.

LA MARQUISE

Ah, mon fils ! Que cet événement me charme !

DORANTE *à Hortense*.

Je ne me plains point, Madame ; mais votre procédé est cruel.

HORTENSE

Vous n'avez rien à me reprocher, Dorante ; vous vouliez profiter des fautes de votre ami, et ce dénouement-ci vous rend justice[1].

FRONTIN

Ah, Monsieur ! Ah, Madame ! Mon incomparable Marton.

MARTON

Aime-moi à présent tant que tu voudras, il n'y aura rien de perdu.

FIN

DOSSIER

CHRONOLOGIE[1]

(1688-1763)

1688. 4 (?) février : naissance à Paris de Pierre Carlet, fils de Nicolas Carlet, ancien officier de la marine, trésorier des vivres en Allemagne, et de Marie-Anne Bullet, sœur de Pierre Bullet – architecte du roi, membre de l'Académie d'architecture –, et tante de Jean-Baptiste Bullet de Chamblain, architecte comme son père et futur membre de la même Académie.

1698. Fin décembre : Nicolas Carlet est nommé contrôleur-contregarde à la Monnaie de Riom. Il avait la protection, comme les Bullet, des ministres Pontchartrain et Chamillart. Il résidera désormais à Riom où sa femme et son fils le rejoignent. Le futur Marivaux fait très probablement ses études au collège des Oratoriens de cette ville.

1704. 20 juin : Nicolas Carlet est nommé directeur de la Monnaie de Riom après des années difficiles de conflit avec le personnel et des périodes de fermeture de l'établissement, conflits et inter-

---

1. On trouvera une chronologie très détaillée dans l'édition du *Théâtre complet* de Marivaux par Henri Coulet et Michel Gilot, Gallimard, Bibliothèque de la Pléiade, 1993-1994, 2 volumes.

ruptions qui se répéteront pendant les années suivantes.

1710. 30 novembre : Pierre Carlet, « *arvernus riomensis* », auvergnat de Riom, s'inscrit à la faculté de droit de Paris.

1711. 25 avril : Pierre Carlet s'inscrit de nouveau à la faculté de droit.

1712. Publication chez Pierre Huet, libraire récemment installé à Paris, d'une comédie en vers, *Le Père prudent et équitable ou Crispin l'heureux fourbe*, avec permission de Constant Du Masdubos, alors procureur de police à Limoges (et connu sans doute à Riom par Marivaux).

30 avril : troisième inscription de Pierre Carlet, « *parisiensis* », à la faculté de droit.

10 juillet : Fontenelle signe l'approbation d'un roman présenté à la censure le 14 avril par Marivaux, *Les Aventures de *** ou les Effets surprenants de la sympathie*. Pierre Huet obtiendra en août un privilège de trois ans pour l'édition de ce roman.

8 décembre : Pierre Prault présente à la censure *Pharsamon*, roman de Marivaux qui ne sera publié qu'en 1737. Approbation de Fontenelle en date du 22 janvier 1713.

1713. Au début de l'année, publication des tomes I et II des *Effets surprenants de la sympathie*.

11 mai : Pierre Huet présente à la censure *La Voiture embourbée* ; approbation de Fontenelle en date du 31 août.

Juin : compte rendu des *Effets surprenants de la sympathie* dans le *Journal des savants*.

1714. Au début de l'année, publication chez Pierre Prault du *Bilboquet*, des trois derniers tomes des *Effets surprenants de la sympathie* et de *La Voiture embourbée*.

24 juin : approbation (?) par le censeur Burette du *Télémaque travesti* (parodie du *Télémaque* de Fénelon), qui ne sera publié qu'en 1736 à Amsterdam.
1715. Marivaux a dû dès son arrivée à Paris fréquenter le groupe des Modernes, dont les principaux représentants étaient Fontenelle et Houdar de La Motte ; pendant la Régence, il lie amitié avec ceux qui, autour des Tencin, encouragent l'entreprise financière de Law et soutiennent la lutte contre le jansénisme.
1716. Fin de l'année : publication chez Pierre Prault de *L'Homère travesti ou l'Iliade en vers burlesques*. L'épître dédicatoire au duc de Noailles, président du Conseil des finances, est signée « Carlet de Marivaux ».
1717. 7 juillet : mariage de Pierre Carlet de Marivaux et de Colombe Bollogne, née en 1683 ; Prosper Jolyot de Crébillon, l'auteur tragique, est un des témoins du marié.
Septembre-novembre : publication dans *Le Nouveau Mercure* des « Lettres sur les habitants de Paris ».
1718. 24 janvier : naissance de Colombe, fille de Marivaux.
Août-septembre : publication dans *Le Nouveau Mercure* de la « Suite des caractères » (c'est la suite des « Lettres sur les habitants de Paris »).
1719. Mars : *Le Nouveau Mercure* publie les « Pensées sur différents sujets : Sur la clarté du discours. Sur le sublime ».
14 avril : mort de Nicolas Carlet.
Juin : Marivaux demande à acquérir la charge de son père à Riom. Il ne l'obtiendra pas.
Novembre-décembre : *Le Nouveau Mercure*

publie la « Lettre de M. de M*** contenant une aventure » et la « Suite de la lettre de M. de Marivaux ».

1720. Février-mars-avril : *Le Nouveau Mercure* publie les trois dernières livraisons des « Lettres contenant une aventure ».

3 mars : représentation unique de *L'Amour et la Vérité* (par Marivaux et Rustaing de Saint-Jory) au Théâtre-Italien.

17 octobre : première représentation d'*Arlequin poli par l'amour* au Théâtre-Italien.

16 décembre : première représentation de *La Mort d'Annibal*, tragédie, au Théâtre-Français. Elle avait été reçue par les Comédiens le 5 août de l'année précédente.

En ces années 1719-1720, Marivaux a placé des sommes importantes, venant de sa femme, dans une société d'agio créée par Mme de Tencin, et la faillite de Law les lui a fait perdre.

1721. 31 mai : Marivaux, qui s'est de nouveau inscrit à la faculté de droit, est reçu bachelier.

Juillet : publication de la première feuille du *Spectateur français*, périodique inspiré par le *Spectator* d'Addison et Steele ; en tout, vingt-cinq feuilles paraîtront à intervalles très irréguliers jusqu'en novembre 1724.

4 septembre : Marivaux est reçu licencié en droit au bénéfice de l'âge. Il n'est pas sûr qu'il ait été avocat ni qu'il ait jamais plaidé.

1722. 3 mai : première représentation de *La Surprise de l'amour* au Théâtre-Italien.

1723. 6 avril : première représentation de *La Double Inconstance* au Théâtre-Italien. Mort de la femme de Marivaux en cette année 1723 ou en 1724.

Chronologie

- **1724.** 5 février : première représentation du *Prince travesti* au Théâtre-Italien.
  8 juillet : première représentation de *La Fausse Suivante ou le Fourbe puni* au Théâtre-Italien.
  2 décembre : première représentation du *Dénouement imprévu* au Théâtre-Français.
- **1725.** 5 mars : première représentation de *L'Île des Esclaves* au Théâtre-Italien.
  19 août : première représentation de *L'Héritier de village* au Théâtre-Italien.
- **1727.** 2 février : *La Vie de Marianne ou les Aventures de Mme la Comtesse de* *** est l'objet d'une demande d'approbation et de privilège présentée par la veuve Coutelier, libraire à Paris.
  Fin mars-juillet : publication des sept feuilles de *L'Indigent philosophe*.
  11 septembre : *Les Petits Hommes ou l'Île de la Raison* est représenté au Théâtre-Français.
  31 décembre : première représentation de *La Surprise de l'amour* au Théâtre-Français. Cette comédie, qu'on appelle en général *La Seconde Surprise de l'amour*, avait été reçue le 30 janvier.
- **1728.** 28 avril : première représentation du *Triomphe de Plutus* au Théâtre-Italien.
  9 mai : approbation par la censure de la première partie de *La Vie de Marianne*.
- **1729.** 18 juin : unique représentation de *La Nouvelle Colonie ou la Ligue des femmes* au Théâtre-Italien.
- **1730.** 23 janvier : première représentation du *Jeu de l'amour et du hasard* au Théâtre-Italien.
- **1731.** Fin du printemps : publication de la première partie de *La Vie de Marianne* chez Pierre Prault ; l'impression de la deuxième partie, dans sa ver-

sion primitive dont on ne connaît qu'une page, avait été commencée.

5 novembre : première représentation de *La Réunion des Amours* au Théâtre-Français.

1732. 12 mars : première représentation du *Triomphe de l'amour* au Théâtre-Italien.

8 juin : première représentation des *Serments indiscrets* au Théâtre-Français. C'est la seule comédie de Marivaux en cinq actes. Elle avait été reçue en mars 1731.

25 juillet : première représentation de *L'École des mères* au Théâtre-Italien.

Décembre : le bruit court que Marivaux serait candidat à l'Académie française.

1733. 6 juin : première représentation de *L'Heureux Stratagème* au Théâtre-Italien.

12 juillet : mort de Mme de Lambert, dont Marivaux avait fréquenté le salon.

1734. Fin janvier : publication de la deuxième partie de *La Vie de Marianne*.

Janvier-avril : publication des onze feuilles du *Cabinet du philosophe*, dernier journal de Marivaux.

Avril : publication de la première partie du *Paysan parvenu*, présentée à la censure le 16 mars ; les quatre autres parties du roman paraîtront en juin, août et octobre de la même année et en avril 1735.

16 août : première représentation de *La Méprise* au Théâtre-Italien.

6 novembre : première représentation, interrompue par les sifflets, du *Petit-maître corrigé* au Théâtre-Français.

1735. 9 mai : première représentation de *La Mère confidente* au Théâtre-Italien.

Novembre : publication de la troisième partie de *La Vie de Marianne*.
1736. Début : publication du *Télémaque travesti* (voir 1714).
Fin mars : publication de la quatrième partie de *La Vie de Marianne*.
11 juin : première représentation du *Legs* au Théâtre-Français.
Septembre : publication de la cinquième partie de *La Vie de Marianne*.
Novembre : publication de la sixième partie de *La Vie de Marianne*.
1737. Février : publication de la septième partie de *La Vie de Marianne*.
16 mars : première représentation des *Fausses Confidences* au Théâtre-Italien.
Janvier-juin : publication de *Pharsamon* (voir 1712).
Décembre : publication de la huitième partie de *La Vie de Marianne* à La Haye, la censure ayant reçu en France des instructions pour la proscription des romans.
1738. 7 juillet : première représentation de *La Joie imprévue* au Théâtre-Italien.
1739. 13 janvier : première représentation des *Sincères* au Théâtre-Italien.
19 août : mort de Thomassin, qui avait interprété le rôle d'Arlequin dans toutes les comédies de Marivaux depuis *Arlequin poli par l'amour*.
1740. 19 novembre : première représentation de *L'Épreuve* au Théâtre-Italien.
1741. De cette année est datée la copie manuscrite de *La Commère*, comédie attribuée à Marivaux.
1742. Publication des livres IX, X et XI de *La Vie de Marianne*, à La Haye.
10 décembre : Marivaux est élu à l'Académie

française ; Mme de Tencin avait vigoureusement soutenu sa candidature.

1743. 4 février : réception de Marivaux à l'Académie. L'archevêque de Sens, Languet de Gergy, répond à son discours de réception.

1744. À partir d'avril, Marivaux loge chez Mlle de Saint-Jean, rue Saint-Honoré.

25 août : Marivaux lit à l'Académie des « Réflexions » sur le progrès de l'esprit humain, qui seront publiées dans le *Mercure de France* en juin 1755 (sous le titre de « Réflexions sur Thucydide »).

19 octobre : unique représentation de *La Dispute* au Théâtre-Français.

1745. 6 avril : Colombe de Marivaux entre au noviciat de l'abbaye du Trésor, dans le département actuel de l'Eure.

1746. 6 août : première représentation du *Préjugé vaincu* au Théâtre-Français.

7 octobre : acte d'examen de « Sœur Colombe Prospère de Marivaux » au monastère du Trésor.

1748. 4 avril : Marivaux lit à l'Académie des « Réflexions en forme de lettre sur l'esprit humain » (publiées en janvier 1755 dans le *Mercure de France* sous le titre du *Miroir*).

1749. 25 août : Marivaux lit à l'Académie le commencement des « Réflexions sur Corneille et sur Racine ».

25 septembre : Marivaux lit à l'Académie la suite des « Réflexions sur Corneille et sur Racine ».

4 décembre : mort de Mme de Tencin, amie de Marivaux depuis plus de trente ans.

1750. 25 août : Marivaux lit à l'Académie des « Réflexions sur les hommes de génie ». Le *Mercure de France* publiera en avril 1755 et décembre 1757 ces

trois séries de « Réflexions » sous le titre de « Réflexions sur l'esprit humain à l'occasion de Corneille et de Racine ».
Décembre : le *Mercure de France* publie *La Colonie*, réfection de *La Nouvelle Colonie* de 1729.

1751. 25 août : Marivaux lit à l'Académie des « Réflexions sur les Romains et sur les anciens Perses » (publiées dans le *Mercure de France* d'octobre).

1754. Décembre : le *Mercure de France* publie « L'Éducation d'un prince, dialogue ».

1755. 24 et 25 août : représentations de *La Femme fidèle* chez le comte de Clermont, sur le théâtre champêtre de son château de Berny. Seuls quelques rôles de cette comédie ont été retrouvés.

1757. 5 mars : *Félicie*, comédie de Marivaux, est reçue au Théâtre-Français, mais ne sera jamais jouée. Le *Mercure de France* la publiera le même mois.
5 mai : *L'Amante frivole* est reçue au Théâtre-Français ; elle ne sera jamais jouée, et le texte en est perdu.
Octobre : Marivaux solde « tout compte » avec Mlle de Saint-Jean ; ils se constituent chacun une rente annuelle, qui doit revenir en totalité au dernier vivant.
Novembre : *Le Conservateur* publie *Les Acteurs de bonne foi*.

1758. 20 janvier : Marivaux rédige son testament.
Septembre : mort de Silvia, actrice fétiche de Marivaux, âgée de cinquante-sept ans.

1761. Mai : le *Mercure de France* publie *La Provinciale*.

1763. 12 février : mort de Marivaux à Paris.

LE PETIT-MAÎTRE CORRIGÉ
À LA COMÉDIE-FRANÇAISE

LA CRÉATION
À LA COMÉDIE-FRANÇAISE EN 1734

On ignore la distribution des rôles lors de la création à la Comédie-Française, le 6 novembre 1734. Le registre du théâtre, que cite Frédéric Deloffre dans son édition du *Théâtre complet* de Marivaux (Classiques Garnier, 1968, t. II, p. 156) énumère La Thorillère, Montmeny, Fleury, Fierville, Dangeville jeune, Poisson, Mlle Du Boccage, Mlle Dangeville, Mme Grandval, Mlle La Motte. La Thorillère, qui jouait « les rôles à manteau, de Financier, de Père » fut sans doute le Comte, et Poisson, « que nous avons vu jouer avec tant de succès dans les rôles de Crispin », joua probablement celui de Frontin. Mme Grandval, à qui revenaient « les principaux rôles comiques » (selon Clément et La Porte, *Anecdotes dramatiques*, chez la Veuve Duchesne, 1775, qui nous ont fourni aussi les précédentes citations), dut être Hortense, et Mme Dangeville, célèbre pour la finesse avec laquelle elle faisait les soubrettes et les confidentes, était toute désignée pour jouer Marton. F. Deloffre pense que Fleury et Fierville eurent leurs rôles dans *Le Retour imprévu* de Regnard, qui figurait au même programme, que

Montmeny était Rosimond et le jeune Dangeville Dorante. On verrait plutôt Dangeville dans le rôle de Rosimond, étant donné l'extrême jeunesse et l'espèce de naïveté du personnage – mais Montmeny avait plus d'expérience.

Il n'y eut alors que deux représentations à la Comédie-Française.

NOUVELLE MISE EN SCÈNE
À LA COMÉDIE-FRANÇAISE
EN 2016-2017

Du 3 décembre 2016 au 26 avril 2017, la Comédie-Française fera revivre la pièce, dans une mise en scène de Clément Hervieu-Léger, avec Florence Viala, Loïc Corbery, Adeline d'Hermy, Pierre Hancisse, Claire de La Rüe du Can, Didier Sandre, Christophe Montenez, Dominique Blanc et Ji Su Jeong (comédienne de l'Académie de la Comédie-Française).

ÉLÉMENTS DE BIBLIOGRAPHIE

I. ÉDITIONS DU THÉÂTRE DE MARIVAUX

FOURNIER, Jean et BASTIDE, Maurice, *Théâtre complet de Marivaux*, Éditions nationales (collection « Les Classiques verts »), 1946-1947, 2 vol.

DORT, Bernard, *Théâtre de Marivaux*, Le Club français du Livre, 1961-1662, 4 vol.

DORT, Bernard, *Théâtre complet de Marivaux*, Seuil, 1964.

DELOFFRE, Frédéric, *Théâtre complet*, Classiques Garnier, 1968, 2 vol. ; nouvelle édition revue et mise à jour avec la collaboration de Françoise RUBELLIN, 1989-1992 (rééd. dans la Pochothèque, Hachette, 2000).

COULET, Henri et GILOT, Michel, *Théâtre complet*, Gallimard, Bibliothèque de la Pléiade, 1993-1994, 2 vol.

II. BIBLIOGRAPHIE

DELOFFRE, Frédéric, « État présent des études sur Marivaux », *L'Information littéraire*, novembre-décembre 1964.

COULET, Henri, « État présent des études sur Marivaux », *L'Information littéraire*, mars-avril 1979.

RIVARA, Annie, « État présent des études sur Marivaux », *Dix-huitième Siècle*, n° 27, 1995.

RIVARA, Annie, « Bibliographie », dans *Masques italiens et comédie moderne [...]*, recueil d'articles sous la direction d'Annie Rivara, Paradigme, 1996, pp. 33-38.

III. HISTOIRE DU THÉÂTRE

GUEULLETTE, Thomas-Simon, *Notes et souvenirs sur le Théâtre-Italien au XVIIIe siècle*, publié par Jean-Émile Gueullette, Genève, Droz, 1938.

ARGENSON, marquis d', « Notice sur les œuvres de théâtre », publié par Henri LAGRAVE, *Studies on Voltaire and the XVIIIth Century*, n°s 42-43, 1966.

PARFAICT, François et Claude, *Dictionnaire des théâtres de Paris*, 1756, 7 vol.

JULLIEN, Jean-Auguste, dit DESBOULMIERS, *Histoire anecdotique et raisonnée du Théâtre italien, depuis son rétablissement en France jusqu'à l'année 1769*, Lacombe, 1769, 7 vol.

CLÉMENT, Jean-Marie, et LA PORTE, abbé Jean-Barthélemy de, *Anecdotes dramatiques*, Veuve Duchesne, 1775, 3 vol.

ORIGNY, Antoine d', *Annales du Théâtre-Italien depuis son origine jusqu'à nos jours*, Veuve Duchesne, 1788, 3 vol. (Genève, Slatkine Reprints, 1970).

CAMPARDON, Émile, *Les Comédiens du roi de la troupe italienne pendant les deux derniers siècles*, Berger-Levrault, 1880, 2 vol.

LINTILHAC, Eugène, *Histoire générale du théâtre en France*, t. IV : *La Comédie. Dix-huitième siècle*, Flammarion, 1909.

COURVILLE, Xavier de, *Un apôtre de l'art du théâtre au XVIIIe siècle. Luigi Riccoboni, dit Lélio*, tome I, *1676-1715, L'Expérience italienne*, Genève, Droz, 1943 ; tome II, *1716-1731, L'Expérience française*, Droz, 1945 ; tome III, *1732-1753, La Leçon*, Librairie théâtrale, 1958.

ATTINGER, Gustave, *L'Esprit de la commedia dell'arte dans le théâtre français*, Neuchâtel, La Baconnière, 1950.

BRENNER, Clarence D., *The Théâtre italien, its Repertory, 1716-1793*, Berkeley, University of California Press, 1961.

LAGRAVE, Henri, *Le Théâtre et le public à Paris de 1715 à 1750*, Klincksieck, 1972.

PEYRONNET, Pierre, *La Mise en scène au XVIIIe siècle*, Nizet, 1974.

SCHÉRER, Jacques, *Théâtre et anti-théâtre au XVIIIe siècle*, Oxford, Clarendon Press, 1975.

ROUGEMONT, Martine de, *La Vie théâtrale en France au XVIIIe siècle*, Honoré Champion, 1988.

BARIDON, Michel, et JONARD, Norbert (éd.), *Arlequin et ses masques*, Dijon, EUD, 1992.

STACKELBERG, Jürgen von, *Das Theater der Aufklärung in Frankreich. Ein Abriss*, Munich, Wilhelm Fink Verlag, 1992.

RALLO, Élisabeth (éd.), *Le Valet passé maître, Arlequin et Figaro*, Ellipses, 1998.

GOLDZINK, Jean, *Comique et comédie au siècle des Lumières*, L'Harmattan, 2000.

TROTT, David, *Théâtre du XVIIIe siècle : jeux, écriture, regards : essai sur les spectacles en France de 1700 à 1790*, Montpellier, Espaces 34, 2000.

LEVER, Maurice, *Théâtre et Lumières : les spectacles de Paris au XVIIIe siècle*, Fayard, 2001.

IV. ÉTUDES GÉNÉRALES SUR MARIVAUX

LARROUMET, Gustave, *Marivaux, sa vie et son œuvre d'après des documents nouveaux*, Hachette, 1882 (édition abrégée, Paris, 1884).

ROY, Claude, *Lire Marivaux*, Neuchâtel, La Baconnière ; Seuil, 1947.

ARLAND, Marcel, *Marivaux*, Gallimard, 1950.

POULET, Georges, *Études sur le temps humain*, t. II : *La Distance intérieure*, « Marivaux », Plon, 1952, pp. 1-34.

GAZAGNE, Paul, *Marivaux par lui-même*, Seuil, 1954.

DELOFFRE, Frédéric, *Une préciosité nouvelle. Marivaux et le marivaudage*, Armand Colin, 1955 (nouvelle édition 1967 ; Genève, Slatkine Reprints, 1993).

ROUSSET, Jean, « Marivaux et la structure du double registre », *Forme et signification*, José Corti, 1962 (article de 1957).

GREENE, Edward J. H., *Marivaux*, Toronto, University of Toronto Press, 1965.

DORT, Bernard, « À la recherche de l'amour et de la vérité », *Théâtre public*, Seuil, 1967 (article de 1962).

SCHAAD, Harold, *Le Thème de l'être et du paraître dans l'œuvre de Marivaux*, Zurich, Juris Druck Verlag, 1969.

MÜHLEMANN, Suzanne, *Ombres et lumières dans l'œuvre de Pierre Carlet de Chamblain de Marivaux*, Berne, H. Lang, 1970.

LAGRAVE, Henri, *Marivaux et sa fortune littéraire*, Saint-Médard-en-Jalles, Ducros, 1970.

HAAC, Oscar, *Marivaux*, New York, Twayne Publishers, 1973.

COULET, Henri, et GILOT, Michel, *Marivaux. Un humanisme expérimental*, Larousse, 1973.

STEWART, Philip, *Le Masque et la Parole. Le langage de l'amour au XVIIIe siècle* (chap. IV), Corti, 1973.
GILOT, Michel, *Les Journaux de Marivaux. Itinéraire moral et accomplissement esthétique*, Université de Lille III, 1974, 2 vol.
COULET, Henri, *Marivaux romancier*, essai sur l'esprit et le cœur dans les romans de Marivaux, Armand Colin, 1975.
TRAPNELL, William, *Eavesdropping in Marivaux*, Genève, Droz, 1987.
CULPIN, David J., *Marivaux and Reason. A Study in Early Enlightenment Thought*, Francfort, Berne, Paris, Peter Lang, 1993.
VERHOEFF, Han, *Marivaux ou le Dialogue avec la femme. Une psycholecture de ses comédies et de ses journaux*, Orléans, Paradigme, 1994.
GILOT, Michel, *L'Esthétique de Marivaux*, SEDES, 1998.

V. COLLOQUES, NUMÉROS SPÉCIAUX, RECUEILS

« Comédie italienne et théâtre français », *Cahiers de l'Association internationale des études françaises*, XV, 1963.
Le Triomphe de Marivaux (Magdy G. BADIR et Vivien BOSLEY, éd.), Edmonton, 1989.
« Visages de Marivaux » (David J. CULPIN, éd.), *Romance Studies*, n° 15, hiver 1989.
Anatom des menschlichen Herzens (B. KORTLÄNDER et G. SCHEFFEL, éd.), Düsseldorf, 1990.
Vérités à la Marivaux (Raymond JOLY, éd.), *Études littéraires*, XXIV, n° 1, Québec, Université Laval, été 1991.
Marivaux d'hier, Marivaux d'aujourd'hui (Henri COU-

LET, Jean EHRARD, Françoise RUBELLIN, éd.), Éditions du CNRS, 1991.

Marivaux e il teatro italiano (Mario MATUCCI, éd.), Ospedaletto, Pacini Editore, 1992.

Marivaux et ses masques (Michel BARIDON et Norbert JONARD, éd.), EUD, 1992.

Marivaux et les Lumières (Henri COULET et Geneviève GOUBIER, éd.), 2 vol., Aix-en-Provence, 1996.

« Marivaux » (Michel DELON, éd.), *Europe*, n°s 811-812, nov.-déc. 1996.

Masques italiens et comédie moderne (recueil d'articles sous la direction d'Annie RIVARA), Orléans, 1996.

Marivaux et l'Imagination (Fr. GEVREY, éd.), Toulouse, Éditions universitaires du Sud, 2002.

Marivaux subversif ? (textes réunis par Franck SALAÜN), Desjonquères, 2002.

Pensée de Marivaux (études réunies par Franck SALAÜN), *CRIN* n° 40, Amsterdam-New York, Rodopi, 2002.

VI. ÉTUDES SUR LE THÉÂTRE DE MARIVAUX[1]

MAC KEE, Kenneth, *The Theatre of Marivaux*, New York, New York University Press, 1958.

MEYER, Marlyse, *La Convention dans le théâtre d'amour de Marivaux*, Universidade de São Paulo, 1961.

RATERMANIS, Jean-Baptiste, *Étude sur le comique dans le théâtre de Marivaux*, Minard, 1961.

RIGAULT, Claude, *Les Domestiques dans le théâtre de Marivaux*, A. G. Nizet, 1968.

---

1. N.B. Nous avons renoncé à recenser tous les articles de revues qui ont été consacrés au théâtre de Marivaux durant les dernières décennies.

PAPADOPOULOU BRADY, Valentini, *Love in the Theatre of Marivaux*, Genève, Droz, 1970.

DESVIGNES-PARENT, Lucette, *Marivaux et l'Angleterre. Essai sur une création dramatique originale*, Klincksieck, 1970.

DESCOTES, Maurice, *Les Grands Rôles du théâtre de Marivaux*, PUF, 1972.

BONHÔTE, Nicolas, *Marivaux et les Machines de l'opéra*, Lausanne, L'Âge d'homme, 1974.

MIETHING, Christoph, *Marivaux' Theater. Identitäts Probleme in der Komödie*, Munich, Wilhelm Fink Verlag, 1975.

LACANT, Jacques, *Le Théâtre de Marivaux en Allemagne. Reflets de son théâtre dans le miroir allemand*, Klincksieck, 1975.

SCAPAGNA, Antoine, *Entre le oui et le non. Essai sur la structure profonde du théâtre de Marivaux*, Berne, H. Lang, 1978.

MAZOUER, Charlers, *Le Personnage du naïf dans le théâtre comique du Moyen Âge à Marivaux*, Klincksieck, 1979.

DEGUY, Michel, *La Machine matrimoniale ou Marivaux*, Gallimard, 1981.

PAVIS, Patrice, *Marivaux à l'épreuve de la scène*, Publications de la Sorbonne, 1986.

COTONI, Marie-Hélène, « La fuite et le soupçon dans *Le Prince travesti* de Marivaux », *Hommage à Claude Digeon*, Publications de la Faculté des Lettres et Sciences humaines de Nice, n° 36, 1re série, 1987, pp. 67-77.

POE, George, *The Rococo and Eighteenth Century French Literature. A Study through Marivaux's Theatre*, New York, Peter Lang, 1987.

SANAKER, John-Kristian, *Le Discours mal apprivoisé*, Didier, 1987.

TERRASSE, Jean, *Le Sens et les Signes. Étude sur le théâtre de Marivaux*, Sherbrooke, Naaman, 1987.
OSTER, Patricia, *Marivaux und das Ende der Tragödie*, Munich, Wilhelm Fink Verlag, 1992.
DABBAH EL-JAMAL, Choukri, *Le Vocabulaire du sentiment dans le théâtre de Marivaux*, Honoré Champion, 1995.
RUBELLIN, Françoise, *Marivaux dramaturge. La Double Inconstance. Le Jeu de l'amour et du hasard*, Honoré Champion, 1996.
PORCELLI, Maria Grazia, *Le Figure dell'autorità nel teatro di Marivaux*, Padove Padova, Unipress, 1997.
BOUDET, Micheline, *La Comédie italienne : Marivaux et Silvia*, Albin Michel, 2001.
RUBELLIN, Françoise, *Lectures de Marivaux : La Surprise de l'amour. La Seconde Surprise de l'amour. Le Jeu de l'amour et du hasard*, Presses universitaires de Rennes, 2009.

Un instrument utile :

SPINELLI, Donald, *A Concordance to Marivaux's Comedies in Prose*, University of North Carolina Press, Chapel Hill, 1979, 4 vol.

VII. QUELQUES ÉDITIONS DU *PETIT-MAÎTRE CORRIGÉ*

Le Petit-maître corrigé, édition originale, Prault père, 1739.
Œuvres de théâtre de M. de Marivaux, Duchesne, t. II, 1759.
Œuvres complètes de M. de Marivaux, veuve Duchesne, t. II, 1781.
Œuvres complètes de Marivaux, édition de Pierre Duviquet, Gosselin, t. IV, 1830.

Théâtre complet de Marivaux, éd. Jean Fournier et Maurice Bastide, Éditions nationales, t. II, 1946.

Le Petit-maître corrigé, texte publié avec introduction et commentaire de Frédéric Deloffre, Genève-Lille, Droz et Giard, 1955.

Théâtre complet de Marivaux, éd. Frédéric Deloffre, Classiques Garnier, t. II, 1968 ; nouvelle édition revue et mise à jour avec la collaboration de Françoise Rubellin, t. II, 1992 (rééd. dans la Pochothèque, Hachette, 2000).

Théâtre complet de Marivaux, éd. Henri Coulet et Michel Gilot, Gallimard, Bibliothèque de la Pléiade, t. II, 1994.

VIII. DICTIONNAIRES UTILISÉS

Dictionnaire universel de Furetière, 1690 (désigné dans notre édition par *Furetière*).

Abrégé du Dictionnaire universel français et latin vulgairement appelé Dictionnaire de Trévoux par Berthelin, 1762 (désigné par *Trévoux*).

Dictionnaire de l'Académie française, 1762 (désigné par *Académie*).

Encyclopédie, 1765.

Dictionnaire grammatical par l'abbé Féraud, 1786 (désigné par *Dictionnaire grammatical Féraud*).

Dictionnaire critique de la langue française par l'abbé Féraud, 1787 (désigné par *Féraud*).

NOTES[1]

Page 25.

1. À propos de la distribution lors de la création, voir plus haut « *Le Petit-maître corrigé* à la Comédie-Française » (p. 164).

Page 27.

1. « Vous m'avez appelé » : Marivaux lui-même avait dû omettre l'accord du participe puisque le copiste du manuscrit de la Bibliothèque nationale qui avait écrit « appelée » a biffé l'*e* muet final.

2. « Rêver » : « penser, méditer profondément sur quelque chose » (*Académie*).

Page 28.

1. En parlant du mariage comme d'une « nouveauté curieuse » et en demandant si le prétendant n'est pas du « goût » d'Hortense, Marton parodie le style des petits-maîtres. Nous retrouverons semblable imitation un peu plus bas.

2. « C'est de lui dont je veux te parler » : construc-

---

1. On trouvera plus haut, dans « Éléments de bibliographie », les références complètes des éditions du théâtre de Marivaux ainsi que celles des dictionnaires qui sont évoqués dans les notes.

tion classique de la relative, qui subsiste auprès de la tournure plus récente (généralisée dans l'édition de 1781) : « C'est de lui que... » On rencontrera plus loin des cas similaires.

3. « Fille d'esprit » : « Vous êtes fille d'esprit, vous pénétrez les mouvements des autres, vous lisez dans les cœurs », disait Lucile à Lisette dans *Les Serments indiscrets* (IV, IX).

Page 29.

1. « Figure » : c'est l'apparence générale. Le premier adjectif par lequel Rosimond est qualifié est « joli ».

2. « Honnête homme » : le mot a divers sens, sur lesquels Marivaux a souvent joué ; ici : homme qui a la civilité et les qualités morales de la bonne société. Au début de la scène VI de cet acte, Rosimond oppose les « honnêtes gens » aux « coquins » : le mot « honnête » servira de nouveau à qualifier Rosimond dans la scène XII de l'acte II (p. 116), ainsi que les mots « honnête homme » (III, I, p. 122).

3. « À vue du pays » ou plus souvent « à vue de pays » : « On dit [...] figur[ément] "Juger à vue de pays", pour dire "Juger des choses en gros et sans entrer dans le détail" » (*Académie*).

Page 30.

1. C'est à la « raison » que Rosimond se rangera au dénouement (III, XII, p. 152).

2. Chez les gens à la mode, ce qui est « bourgeois » s'oppose à ce qui est « du bel air, du bon air ». Le mot avait déjà ce sens dénigrant au XVIIe siècle : « Ah ! mon père, ce que vous dites là est du dernier bourgeois » (Magdelon dans *Les Précieuses ridicules*, sc. IV).

Page 32.

1. De la folie à la raison, d'un langage affecté au langage vrai l'itinéraire de Rosimond est d'avance tracé.

Page 33.

1. Il faut une heure à Rosimond pour s'habiller, quand tout le monde est déjà prêt chez le Comte. C'est la seule allusion de la pièce à la coquetterie vestimentaire qui était un trait des petits-maîtres.

Page 36.

1. « Il a pensé » : « "Penser", être près de faire quelque chose. Il a "pensé" mourir » (*Trévoux*) ; voir Rosimond à Hortense : « [...] moi, qui ai pensé dire que je vous aime » (I, XII, p. 63). C'est l'emploi impersonnel qui est inattendu ici. Est-ce un trait du langage affecté, parlé par Frontin à l'imitation des petits-maîtres, comme le jeu de mots sur « être couru » et « être attrapé » ?

Page 37.

1. « Elle me goûte » : l'expression était du langage courant (« Il a bien "goûté" cet homme-là, il le trouve à son gré », *Trévoux*), mais dans la bouche des petits-maîtres elle exprimait ce que Frontin appelle plus loin la « curiosité de goût », un sentiment passager qui n'engage à rien (voir p. 28, n. 1).

2. « Une vapeur d'amour » : l'expression est claire ; elle semble une trouvaille de Frontin, bien que Frédéric Deloffre renvoie à un exemple de l'*Histoire de la langue française* de Ferdinand Brunot, 1905 et sqq., où le mot est au pluriel, ce qui est moins original, t. VI, p. 1080 (édition du *Petit-maître corrigé*, p. 96) : « des vapeurs de bel-esprit ».

Page 42.

1. « Malice » : bien que le mot se prenne quelquefois en bonne part (*Trévoux*, *Féraud*), il s'oppose ici à « ingénuité » et désigne bien une méchanceté fine et rusée. Frontin affecte d'admirer en Marton ce qu'il a l'habitude de trouver admirable chez les gens que fréquente son maître ; s'adressant à Rosimond, il appellera Marton « une maligne soubrette » (I, VII, p. 49). Mais, les répliques qui suivent immédiatement le montrent, il a compris le ridicule de ses propres « façons ».

2. Marton parodie la complaisance vaniteuse que lui avait manifestée Frontin, dans les mêmes termes, à la scène III, p. 35.

3. « Touche-là » : « On a accoutumé de se toucher la main pour conclure un marché » (*Trévoux*). Marton s'y refuse d'abord, parce qu'elle croit que Frontin lui propose une complicité de « malice », alors qu'il pense au contraire à un pacte loyal, « de bon cœur ».

Page 44.

1. « Mon original » : « mon modèle » (comme dans *Le Triomphe de l'amour*, II, XIII, « son original de lettre »). Dans *Le Glorieux* de Destouches (1732), Pasquin, qui imite la suffisance de son maître, s'écrie, en le voyant venir : « Ah ! C'est l'original / De mes airs de grandeur » (II, IX). Mais l'adjectif substantivé, et de sens péjoratif, se rencontre ailleurs ; « un "original" est un homme bizarre et singulier » (*Féraud*) et Frontin joue peut-être sur le mot. Voir plus loin un propos de Dorimène (II, II, p. 75).

2. Au ton désinvolte de Rosimond, on reconnaît dès son entrée le maître de Frontin, et à sa curiosité des conversations ancillaires, le fils de la Marquise : « Que disiez-vous à Frontin ? » avait d'abord demandé celle-ci. Ce n'est pas seulement un moyen d'enchaîner les scènes.

3. « Je n'ai rien vu de si joli que vous » : pour s'adresser aux domestiques, les maîtres usent aussi bien du tutoiement que du vouvoiement ; cet usage n'est pas une particularité des petits-maîtres, et il se pratique aussi entre amis (voir p. 50, n. 1 et p. 80, 10ᵉ ligne) ou entre parents. Le choix du pronom permet parfois une nuance, le « vous » marquant la sévérité et le « tu » l'affection ; ici le « vous » est galant, le « tu » est celui du maître.

4. « Je m'en accommoderais encore mieux qu'elle » : Frontin saisit au vol l'occasion de faire un bon mot, mais perd en clarté ce qu'il gagne en rapidité. L'édition de 1781 et les éditions modernes, sauf celles de Frédéric Deloffre (éditions de 1955 et 1968), ont corrigé le texte, moins audacieusement toutefois que Pierre Duviquet qui développe : « mieux qu'aucune femme de la Cour ».

Page 45.

1. « À propos » : expression affectée des petits-maîtres pour souligner le décousu de leur propos et l'insignifiance à leurs yeux d'une chose importante. F. Deloffre en a cité plusieurs exemples, dans son édition du *Petit-maître corrigé*, p. 91. On pourra en relever plusieurs autres dans la suite (Frontin, p. 47 ; Rosimond, p. 61 ; p. 63).

2. « Ce bon homme » : l'expression signifiait, selon *Féraud*, le plus souvent, « un homme de peu d'esprit ». Elle est à distinguer de l'expression en un mot « bonhomme » ou « bon-homme », qui n'était pas péjorative.

Page 46.

1. Les phrases en l'air, que l'interlocuteur semble ne prononcer que pour lui-même, sont un trait du langage des petits-maîtres ; voir p. 35 (« Elle est d'une ingénuité charmante », I, III) et dans cette

scène VI la première réplique de Rosimond (« Souvent ces coquins-là sont plus heureux que d'honnêtes gens »).

2. « Il est » : le pronom neutre « il », au sens de « ce », « cela », avait un emploi plus étendu que dans la langue actuelle.

Page 48.

1. « Une lettre de commerce » : « commerce » désigne ici le commerce du monde en général, et plus particulièrement ces relations galantes passagères que Frontin avait décrites à la scène III (p. 36-37) ; les répliques qui suivent confirment ce sens (« missive de passage », « écrit par amourette »).

2. « C'est d'elle dont je voulais te parler » : voir p. 28, n. 2.

Page 49.

1. « Malpeste » : graphie conforme à la prononciation.

Page 50.

1. Le passage du « tu » au « vous » puis le retour au « tu » (voir p. 44, n. 3) traduisent les mouvements de dépit et de colère par lesquels passe Rosimond, blessé dans sa vanité à l'idée que Frontin, pour faire « sa cour » à Hortense, l'ait présenté comme « un garçon sage », mais craignant, dans son penchant inavoué, d'être pris pour un libertin de mœurs.

Page 52.

1. « Il fallait le soupçonner » : il fallait vous contenter d'une conjecture, au lieu de vous hasarder à croire la chose possible. C'est la vanité de Rosimond qui s'exprime.

Page 55.

1. « Joli homme » : *Féraud*, citant Bouhours, oppose « joli homme » à « jolie femme », « l'un est une raillerie, et l'autre une louange ». F. Deloffre (édition de 1955, p. 24) entre maints exemples de ce mot à la mode en cite un qui remonte à 1692 (*L'Impromptu de garnison*, comédie mise sous le nom de Dancourt, sc. XI) : « ARAMINTE : Est-ce un joli homme, Marton ? – MARTON : Si c'est un joli homme ! C'est un Petit-Maître. »

Page 57.

1. « Il faudra qu'il y vienne » : ainsi Flaminia assurait au Prince que Silvia ne lui résisterait pas (*La Double Inconstance*, I, VI) ; ainsi Dubois assurera à Dorante qu'il épousera Araminte (*Les Fausses Confidences*, I, II).

Page 58.

1. « Le bel air ne veut pas qu'il accoure » : Marivaux avait peut-être employé l'indicatif, courant dans ce type de phrase au XVIIe siècle.

Page 62.

1. « Ce caractère d'esprit-là », dont Rosimond affecte de s'étonner, s'attendant à trouver plus de coquetterie chez une jeune et jolie femme, c'est le dédain des formalités vaines ; il avoue ainsi, comme Hortense le lui donnait à entendre, que les « façons unies » ne sont pas la même chose que la « liberté », l'« aisance des façons ».

Page 64.

1. « La dentelle est passable » : comprendre « on peut vous passer l'éloge de la dentelle », comme Rosimond le demandait, et aussi, par jeu de mots, « la dentelle est passablement belle ».

Page 65.

1. « Serait-ce quelque partie de cœur déjà liée ? » : lier une partie, c'est tomber d'accord sur un divertissement ; le mot était à la mode (voir dans l'édition de 1955 de F. Deloffre les expressions « partie d'honneur » – c'est-à-dire partie de cabaret –, « partie d'ennui », etc., p. 102). « [...] que fait-on dans ce pays-ci ? Y a-t-il du jeu ? de la chasse ? des amours ? » demandait Rosimond, sc. VI, p. 44 : trois façons de lier des parties pour un petit-maître.

Page 66.

1. « Nous sommes alliés, au moins » : « "Au moins" s'emploie quelquefois seulement par énergie, et pour donner plus de force à ce que l'on dit » (*Trévoux*). Dorimène explique la chaleur de son salut à Hortense, salut exprimé dans le style « sans façons » des gens de son milieu.

Page 67.

1. « *À Hortense* » : l'indication scénique ne concerne que la deuxième phrase de la réplique.

2. « Une espèce de sage qui fait peu de cas de l'amour » : « [...] on nous aime beaucoup, mais nous n'aimons point », disait Frontin à Marton, sc. III (p. 38).

3. « Sur ce pied-là » : « on dit familièrement "sur ce pied-là" pour dire les choses étant ainsi, puisque les choses sont en cet état, sont comme vous le dites » (*Académie*).

Page 68.

1. « Remarquez-vous comme il rougit ? » : Dorante peut rougir d'être soupçonné d'aimer (comme Rosimond, si l'on en croit ce qu'a dit Marton, sc. I, p. 30), sans être vraiment amoureux.

2. « Je l'amène » : le présent a paru bizarre au copiste du manuscrit ; il exprime une situation qui ne doit pas changer ; Dorante est le cavalier (ou le « chevalier ») de Dorimène, « à moins » que Rosimond ne prenne sa place : le plan contre le mariage de Rosimond est déjà dressé.

Page 69.

1. « Vous êtes mon chevalier » : « On dit, dans le style familier, qu'un homme est le "chevalier" d'une Dame, quand il lui est attaché » (*Féraud*) ; il y a un archaïsme ironique dans le mot employé par Dorimène : « Chevalier », s'est dit aussi de celui qui avait entrepris de servir, et de protéger une Dame » (*Trévoux*). Peut-être le rôle du « chevalier » est-il moins momentané et plus sérieux que celui du « cavalier ».

Page 72.

1. « Ce n'est pas à Dorimène à qui il faut » : voir p. 28, n. 2.

Page 74.

1. « Cette cohue de province » : les hôtes du Comte sont-ils assez nombreux pour faire une « cohue » ? Sont-ce les invités de la noce ? Le Comte parlera (III, VII, p. 138) de « quelques amis ». De toute façon le couplet de Dorimène est affecté, comme tout ce qu'elle dit : on remarquera les alliances de mots, les répétitions, les phrases en suspens, les exclamatives, les reprises d'expression par « mais » (voir F. Deloffre, édition de 1955, p. 92).

2. « L'extravagance des compliments qu'on m'a fait » : même en fin de proposition, il arrive que le participe passé ne soit pas accordé. Nous retrouvons semblables cas p. 75, 9e ligne ; p. 79, 9e ligne ; p. 87, 7e ligne.

3. « Folichonne » : « "Folichon" enchérit sur "folâtre", et il n'est que du style familier » (*Féraud*).

4. « De si jolis tours de tête » : l'expression, qui combine les sens de « disposition agréable ou plaisante » (« tour d'esprit ») et de « procédé habile » (« tour de cartes »), semble une création de Marivaux.

5. « Un agréable » : F. Deloffre (édition de 1955, p. 106) donne quelques exemples de ces adjectifs substantivés fréquents dans le langage des petits-maîtres (« une adorable », « un aimable », « une incomparable », etc.). « "Faire l'agréable", c'est croire être agréable, et affecter de passer pour tel. [...] On dit dans ce sens, "c'est un agréable", pour dire, "il fait l'agréable" » (*Féraud*). Même emploi, p. 140, 7ᵉ ligne.

Page 79.

1. Avoir du « goût » pour quelqu'un est tout autre chose que l'aimer (voir p. 28, n. 1 et p. 37, n. 1), tout comme « belle passion », dans la suite de la réplique, s'oppose à « galanterie ».

Page 80.

1. Sur les « sentiments bourgeois », voir p. 30, n. 2.

2. « Dégagé » se disait de l'air ou de la taille, pour en désigner l'aisance. Au sens de « libre de préjugés », c'était un mot à la mode dont F. Deloffre cite une occurrence expressive dans *L'Indigent philosophe* de Marivaux : « Elle humiliait les Bourgeoises qui l'entouraient, et qui n'auraient pas osé être aussi dégagées qu'elle » (quatrième feuille, *Journaux et œuvres diverses*, p. 198 ; F. Deloffre, *Une préciosité nouvelle. Marivaux et le marivaudage*, Armand Colin, 1955, p. 283).

Page 85.

1. « Non, que je sache » : on répond « non », dans la langue classique, pour confirmer le sens négatif

d'une interrogation (qui serait introduite en latin par *num*).

Page 87.

1. « Je ne sais pas lire » : Marton sait bien lire, elle a même pu juger le contenu et le style de la lettre (I, xv, p. 69). Ce sont les Arlequins qui ne savent pas lire, voir *La Méprise* de Marivaux (sc. xii).

2. En tête de phrase, « Eh » ne se distingue pas de « Et » pour le sens.

Page 88.

1. « On m'a chargé » : le participe n'est pas accordé, comme c'est le plus souvent le cas quand il n'est pas en fin de phrase. L'accord a été rétabli dans les éditions modernes, sauf celles de F. Deloffre.

Page 89.

1. « Il faut être fait à se douter de pareille chose » : « Je suis peu fait à ces manières-là », dit le comte de Tufière à Lisimon, son futur beau-père, qui s'est permis de le tutoyer (Destouches, *Le Glorieux*, II, xiv).

Page 91.

1. « Mais je m'amuse trop » : au sens de « je m'attarde » (*Académie*). Voir *La Méprise* (sc. xii) et également ici, p. 96, 10ᵉ ligne.

Page 92.

1. « Cela demeure bien longtemps à se déterminer » : « cela » n'est probablement pas un neutre (avec lequel « se déterminer » serait un passif : « cela met longtemps à être décidé »), mais désigne de façon désinvolte Hortense.

Page 93.

1. « Pourquoi vous jetez-vous dans cet inconvénient ? » : « inconvénient » a un sens plus fort que de nos jours (« malheurs, suite, conséquence fâcheuse », *Trévoux*).

Page 94.

1. « Inconsidérations » : imprudences. Dorimène a de la « folie » dans ses desseins (II, II, p. 77) ; la « folle » dit Dorante et Rosimond dira bientôt : « ma folle de Comtesse », (II, XII, p. 118).

2. Les « puérilités » sont la réponse aux « inconsidérations ».

Page 96.

1. « Pendant que Madame vous amuse, Dorante nous égorge » : « vous amuse » : voir p. 91, n. 1. « Nous égorge » : non pas parce que le mariage de Frontin et de Marton dépend du mariage de Rosimond et d'Hortense, mais parce que Frontin s'associe et s'identifie à son maître : « Épousons-nous Hortense ? » demande-t-il plus loin (III, VIII, p. 139).

2. « Faire l'amour » : courtiser, chercher à plaire à une femme pour s'en faire aimer. L'expression commençait à ne plus être du beau style.

Page 97.

1. Comme le fait remarquer F. Deloffre (édition de 1955, p. 277), c'est en général un personnage comique qui raconte ce genre de scène, ou qui l'invente (Frontin, dans *L'Heureux Stratagème*, I, XII ; Trivelin, dans *La Fausse Suivante*, II, III). Mais désormais dans le théâtre de Marivaux, que ce soit dans les pièces « françaises » ou dans les pièces « italiennes », les serviteurs sont encore plus sévères et reprenants que comiques.

Page 98.

1. « En arrière » : en retard sur Dorante, qui va encore plus vite auprès d'Hortense que Rosimond auprès de Dorimène ; celle-ci a quelque raison de s'irriter d'une insolence qui contient une vérité (Dorimène sera traitée de « pis-aller » à la scène suivante).

Page 99.

1. « D'empressement ? » : le point d'interrogation de l'édition originale serait étrange, si l'on oubliait les emplois assez variés de ce signe dans les premières éditions de Marivaux. Rosimond ne reprend pas un mot déjà prononcé par Dorimène ou Frontin, il s'interroge lui-même et s'embarrasse dans une phrase hésitante dont le mouvement ne doit pourtant pas être brisé.

Page 101.

1. « Cachez-vous un moment derrière cette palissade » : espionner les conversations des maîtres est habituellement le fait des domestiques comiques (Arlequin dans *Le Prince travesti*, Trivelin dans *La Fausse Suivante*, derrière une palissade, déjà – II, IV –, Dimas dans *Le Triomphe de l'amour*, Lubin dans *La Mère confidente*, Arlequin dans *La Méprise*, etc.) ; ni le précédent de Néron dans *Britannicus* ni celui d'Orgon dans *Tartuffe* ne rehaussent la dignité de Rosimond, entraîné par son valet (voir p. 97, n. 1) à cette « petite plaisanterie de campagne ». Sur l'écoute clandestine chez Marivaux, voir l'étude de William H. Trapnell, *Eavesdropping in Marivaux*, Genève, Droz, 1987.

Page 106.

1. « Eh ! quoi ! Madame » : les éditions modernes donnent « Quoi, Madame ? », à l'exception de celles

de F. Deloffre (1955, 1968, 1992) qui donnent « Eh ! Madame ».

2. « C'est bien à vous à qui j'en dois rendre compte » : voir p. 28, n. 2.

Page 108.

1. « C'est une manière de petit-maître en femme » : le mot « petite-maîtresse » existait, mais était encore récent, et peut-être d'un jargon qu'Hortense n'était pas censée entendre (« "Petite-maîtresse", femme, qui affecte les manières d'un petit-maître – Celui-ci [c'est-à-dire : ce mot-ci] est plus nouveau, parce que le ridicule qu'il représente est devenu depuis quelques années plus outré et plus commun », *Féraud*). Dans *La Nouvelle Héloïse*, IIe partie, lettre XXVII (Gallimard, Folio classique, t. 1, p. 361), Julie ayant reproché à Saint-Preux de mettre dans ses lettres « les sarcasmes d'un petit-maître », Rousseau, en note, se moque d'elle : « Eh quoi ! vous n'avez pas même le ton du jour. Vous ne savez pas qu'il y a des *petites-maîtresses*, mais qu'il n'y a plus de *petits-maîtres*. » Au moment même où il croit disqualifier Dorimène en la désignant comme « une manière de petit-maître en femme », Rosimond continue à parler comme un petit-maître lui-même (« ce que c'est que Dorimène », « tire[r] sur le coquet, sur le cavalier », « on distingue, Madame, on distingue », « finir tout cela ») sans prendre conscience de la contradiction.

Page 110.

1. « Je me rappelle du marquis » : « du » est un partitif (je me rappelle qu'il y avait du marquis). La tournure « se rappeler de » ne se rencontre pas chez Marivaux (sauf devant un infinitif où elle est correcte : « Je me rappelle d'avoir entendu ma sœur parler dans ce sens-là », *L'Île de la Raison*, III, v), bien qu'elle soit

très fréquente de son temps, même dans la langue écrite.

2. Cette scène inspirera à Beaumarchais les scènes du *Mariage de Figaro* où Figaro essaie d'écarter les soupçons du Comte (II, XX et XXI).

Page 112.

1. Le *Gil Blas* de Lesage raconte comment les valets des petits-maîtres non seulement imitaient les manières et le langage de leurs patrons, mais prenaient leur nom (*Histoire de Gil Blas de Santillane*, livre III, chap. IV).

Page 114.

1. « Monsieur est-il bien convaincu ? » : la tournure à la troisième personne est plus propre aux domestiques, mais sans doute Rosimond ironise-t-il.

Page 115.

1. « Avec tant d'avantage » : à l'exception de l'édition F. Deloffre de 1955, les éditions modernes donnent « avec tant d'avantages ».

Page 116.

1. « Il me l'écrit lui-même, et me mande de conclure » : de même, dans *La Fausse Suivante* (III, VII), la Comtesse recevait de son frère une lettre lui annonçant qu'il ne viendrait pas et qu'elle pouvait se marier sans l'attendre.

2. « Les variantes de ponctuation reflètent la grande liberté laissée aux interprètes par la ponctuation de Marivaux (sans doute seulement des virgules) : « sérieusement, mon père. Les vues » (copie manuscrite et édition de 1781) ; « sérieusement ; mon père, les vues » (édition originale) ; « sérieusement, mon père, les vues » (édition de 1759).

Page 119.

1. Frontin se dit « cassé » comme un officier destitué de son grade ou un régiment réformé. Rosimond s'est à peine exprimé durant toute cette scène XII.

Page 120.

1. La vanité du petit-maître exige qu'il soit le responsable, et non la victime, d'une rupture.

Page 124.

1. La « pensée » de Frontin s'exprime par métaphore, comme s'il ne pouvait la saisir qu'au moyen d'un style affecté.

Page 125.

1. Pour mieux « impatienter » Rosimond (voir la scène précédente), Marton outrepasse la consigne qu'elle a reçue d'Hortense.
2. « "Celui-là", au lieu de "cela", est du style familier » (*Féraud*).

Page 128.

1. « D'où vient » : pourquoi.

Page 129.

1. « Ne m'épousez pas » : ce mot a surpris Duviquet, qui a supposé une faute de copiste, et après lui Jean Fournier et Maurice Bastide. Frédéric Deloffre l'explique en disant que Rosimond, qui « n'a pas l'habitude de ménager [Dorimène] [...] est ici inquiet et de mauvaise humeur, tout prêt à rompre au premier prétexte ». Nous pensons au contraire que Rosimond est incapable de défense devant Dorimène ; mais « impatient », comme le prévoyait Hortense, il concède à Dorimène tout ce qu'elle veut, d'être piquée, de ne pas se raccommoder avec la Marquise, de ne pas l'épouser,

lui, si elle préfère ne pas se marier plutôt que de se raccommoder. Évidemment, ses paroles trahissent un vœu inconscient, ou inavoué, que l'irritation lui arrachera devant Hortense : « Je ne veux point de Dorimène ; je n'en veux qu'à vous » (III, v, p. 134).

2. « C'est à Hortense » : la leçon de l'édition F. Deloffre (1968) est la suivante : « C'est Hortense ».

Page 131.

1. « J'en ai meilleure augure » : il y a hésitation sur le genre de ce mot jusqu'au début du XVIIIe siècle ; dans *Le Bilboquet*, Marivaux écrit encore « bonne augure » (*Œuvres de jeunesse*, édition de F. Deloffre, Gallimard, Bibliothèque de la Pléiade, 1972, p. 687).

Page 132.

1. « J'hésite de le continuer » : « hésiter de » est une tournure déjà archaïque. Haase (*Syntaxe*, § 112, 2°°A) cite La Bruyère : « Ils n'hésitent pas de critiquer des choses qui sont parfaites. »

Page 133.

1. « Cet homme-là est incurable » : « Il faut que son orgueil soit un mal incurable », dit Pasquin du comte de Tufière dans *Le Glorieux* (II, xv).

Page 135.

1. « Bourgeoisement » : voir p. 30, n. 2.
2. « Ne doit-on pas l'aimer gratis ? » : Marton reprend plus énergiquement la métaphore de Frontin (III, I, p. 124), qui devient plus blessante dans sa bouche.

Page 137.

1. « Vous voyez, Madame, jusqu'où le dépit porte un cœur tendre » : cette ironie d'Hortense fait entendre au spectateur que, si elle a enfin dit à Rosimond

ce qu'elle pense de lui et apparemment renoncé au mariage, elle recommence à espérer la réussite de sa dangereuse manœuvre.

Page 140.

1. « Je trouve que vous seriez charmant, si nous ne faisiez pas le petit agréable » : le petit-maître est un « petit emporté », un « petit ingrat » (Dorimène, III, VI), qui fait le « petit agréable » (voir p. 74, n. 5) : trait de langage affecté (et, chez Frontin, parodique), mais révélateur, les vaniteux sont de petits hommes, comme l'a montré *L'Île de la Raison*. Frontin va parler à Rosimond comme le paysan Blaise parlait à la Comtesse ou au Courtisan dans cette dernière comédie.

Page 141.

1. « Qu'est-ce ? » : exclamation des petits-maîtres ; voir F. Deloffre (édition de 1933, p. 91).
2. « Encore une petite façon » : comme un vêtement auquel on met la dernière main.

Page 142.

1. « Une chose qu'elle a oubliée de vous dire » : l'absence d'accord du participe dans cette position (déjà relevée plusieurs fois) était régulière à l'époque de Marivaux ; au contraire, l'accord du participe, quand il commandait un infinitif, avec le complément de cet infinitif, était tenu pour irrégulier (voir Restaut, *Principes généraux et raisonnés de la grammaire française*, 4ᵉ éd., 1740, p. 333), mais fréquent dans l'usage.

Page 143.

1. « Voilà qui ne vaut rien ; vous retombez » : comme Frontin à la fin de I, v, p. 44 (« Doucement ; vous redevenez fat ») et aussi comme Blaise dans *L'Île de la Raison* (« Vous redevenez petit », I, XIV),

ou Spinette (« Je vous regarde comme retombée », *ibid.*, II, III).

Page 145.

1. « Je me déteste » : « Jé mé détesté », disait aussi le Gascon Fontignac en prenant conscience de ses folies, dans *L'Île de la Raison* (I, VII).

Page 146.

1. Marivaux a heureusement supprimé une réplique de deux phrases de la version manuscrite, qui faisait attendre un dénouement facile et rapide, et qui semblait dicter à Rosimond le mouvement de la scène suivante (X), dont la spontanéité doit être préservée.

Page 147.

1. « Riez-en » : ni la copie manuscrite ni aucune des éditions du XVIIIe siècle ne met de trait d'union mais « en » est bien un pronom, repris dans la phrase suivante (« […] soyez sûre d'en être toujours vengée […] »), représentant « mes folies », et non pas la préposition marquant le lieu.

Page 151.

1. « C'était mon cœur qui éprouvait le vôtre » : comme Silvia au dénouement du *Jeu de l'amour et du hasard*, Hortense explique par son amour la dureté et le prolongement de l'épreuve à laquelle elle a soumis celui qu'elle aime.

Page 152.

1. « Ce dénouement-ci vous rend justice » : « rendre justice » ne signifie pas ici, comme à l'ordinaire, « reconnaître les mérites de quelqu'un » (l'ironie serait trop forte et déplacée), mais « infliger à quelqu'un une juste punition » (voir Challe, *Les Illustres Françaises*,

édition de F. Deloffre, Les Belles Lettres, 1959, p. 285 : « Je fus blâmé, et quoiqu'on me rendît justice, je ne laissai pas de m'en mettre en colère »). Comme la Comtesse de *La Fausse Suivante*, comme Léonine et Hermocrate dans *Le Triomphe de l'amour*, celui qui est finalement dupé est invité à penser qu'il n'a que ce qu'il mérite et à se faire, comme on dit, une raison.

RÉSUMÉ

Hortense, fille d'un comte, doit incessamment épouser Rosimond, fils d'une marquise, venu avec sa mère pour le mariage dans la propriété de campagne du Comte. Mais Hortense est inquiète : elle n'épousera Rosimond que si, avec l'aide de sa suivante Marton, elle parvient à le corriger de ses ridicules façons de petit-maître et à lui faire avouer qu'il l'aime. Frontin, valet de Rosimond et jusqu'alors zélé imitateur de son maître, est promptement converti à la raison par Marton et devient l'allié d'Hortense, qui demande à Rosimond de différer le mariage. La comtesse Dorimène, avec qui Rosimond a « une petite affaire de cœur », accourt pour empêcher ce mariage, après s'être annoncée par une lettre assez fâcheuse que Rosimond a fâcheusement perdue. Dorimène est accompagnée d'un certain Dorante, que Rosimond, selon son principe de ne jamais être amoureux ni jaloux, autorise à courtiser Hortense. Sommé par Dorimène de choisir entre elle et Hortense, Rosimond se dérobe, et essaye encore de se dérober quand le Comte et la Marquise lui demandent de s'expliquer sur la lettre perdue, qui leur a été rapportée. La Marquise renie son fils ; Dorimène, qui se prétend compromise par le scandale, exige le mariage ; Rosimond désemparé obtient un entretien d'Hortense, mais s'y exprime encore en petit-maître ; et Hortense est tout près de rompre. Frontin et Marton font enfin prendre à Rosimond conscience de sa sottise : il demande pardon à Hortense, renonce à elle parce qu'il se juge indigne de l'épouser, et a le courage de lui déclarer qu'il l'aime en présence de Dorimène. Cet aveu, auquel il s'était jusqu'alors refusé, amène l'heureux dénouement.

Préface d'Henri Coulet et Michel Gilot 7
Note sur le texte 21

LE PETIT-MAÎTRE CORRIGÉ

Acte I 27
Acte II 71
Acte III 121

DOSSIER

Chronologie 155
Le Petit-maître corrigé *à la Comédie-Française* 164
Éléments de bibliographie 166
Notes 175
Résumé 195

DU MÊME AUTEUR

Dans la même collection

LE JEU DE L'AMOUR ET DU HASARD. *Préface de Catherine Naugrette-Christophe. Édition établie et annotée par Jean-Paul Sermain.*

LE TRIOMPHE DE L'AMOUR. *Édition présentée et établie par Henri Coulet.*

LES FAUSSES CONFIDENCES. *Édition présentée et établie par Michel Gilot.*

LA DOUBLE INCONSTANCE. *Édition présentée et établie par Françoise Rubellin.*

L'ÉPREUVE. *Édition présentée et établie par Henri Coulet.*

LA SURPRISE DE L'AMOUR. LA SECONDE SURPRISE DE L'AMOUR. *Édition présentée et établie par Henri Coulet.*

LES SINCÈRES. LES ACTEURS DE BONNE FOI. *Édition présentée et établie par Henri Coulet.*

LE PRINCE TRAVESTI. *Édition présentée et établie par Henri Coulet.*

LE PETIT-MAÎTRE CORRIGÉ. *Édition présentée et établie par Henri Coulet et Michel Gilot.*

Dans la collection Folio classique

LE PAYSAN PARVENU. *Édition présentée et établie par Henri Coulet.*

LA VIE DE MARIANNE. *Édition présentée et établie par Jean Dagen.*

L'ÎLE DES ESCLAVES. *Édition présentée et établie par Henri Coulet.*

COLLECTION FOLIO THÉÂTRE

Dernières parutions

69. Jean GENET : *Les Paravents*. Édition présentée et établie par Michel Corvin.
70. William SHAKESPEARE : *Othello*. Préface et traduction nouvelle d'Yves Bonnefoy. Édition bilingue.
71. Georges FEYDEAU : *Le Dindon*. Édition présentée et établie par Robert Abirached.
72. Alfred de VIGNY : *Chatterton*. Édition présentée et établie par Pierre-Louis Rey.
73. Alfred de MUSSET : *Les Caprices de Marianne*. Édition présentée et établie par Frank Lestringant.
74. Jean GENET : *Le Balcon*. Édition présentée et établie par Michel Corvin.
75. Alexandre DUMAS : *Antony*. Édition présentée et établie par Pierre-Louis Rey.
76. MOLIÈRE : *L'Étourdi*. Édition présentée et établie par Patrick Dandrey.
77. Arthur ADAMOV : *La Parodie*. Édition présentée et établie par Marie-Claude Hubert.
78. Eugène LABICHE : *Le Voyage de Monsieur Perrichon*. Édition présentée et établie par Bernard Masson.
79. Michel de GHELDERODE : *La Balade du Grand Macabre*. Préface de Guy Goffette. Édition de Jacqueline Blancart-Cassou.
80. Alain-René LESAGE : *Turcaret*. Édition présentée et établie par Pierre Frantz.
81. William SHAKESPEARE : *Le Songe d'une nuit d'été*. Édition de Gisèle Venet. Traduction de Jean-Michel Déprats. Édition bilingue.

82. Eugène IONESCO : *Tueur sans gages*. Édition présentée et établie par Gilles Ernst.
83. MARIVAUX : *L'Épreuve*. Édition présentée et établie par Henri Coulet.
84. Alfred de MUSSET : *Fantasio*. Édition présentée et établie par Frank Lestringant.
85. Friedrich von SCHILLER : *Don Carlos*. Édition de Jean-Louis Backès. Traduction de Xavier Marmier, revue par Jean-Louis Backès.
86. William SHAKESPEARE : *Hamlet*. Édition de Gisèle Venet. Traduction de Jean-Michel Déprats. Édition bilingue.
87. Roland DUBILLARD : *Naïves hirondelles*. Édition présentée et établie par Michel Corvin.
88. Édouard BOURDET : *Vient de paraître*. Édition présentée et établie par Olivier Barrot et Raymond Chirat.
89. Pierre CORNEILLE : *Rodogune*. Édition présentée et établie par Jean Serroy.
90. MOLIÈRE : *Sganarelle*. Édition présentée et établie par Patrick Dandrey.
91. Michel de GHELDERODE : *Escurial* suivi de *Hop signor !* Édition présentée et établie par Jacqueline Blancart-Cassou.
92. MOLIÈRE : *Les Fâcheux*. Édition présentée et établie par Jean Serroy.
93. Paul CLAUDEL : *Le Livre de Christophe Colomb*. Édition présentée et établie par Michel Lioure.
94. Jean GENET : *Les Nègres*. Édition présentée et établie par Michel Corvin.
95. Nathalie SARRAUTE : *Le Mensonge*. Édition présentée et établie par Arnaud Rykner.
96. Paul CLAUDEL : *Tête d'Or*. Édition présentée et établie par Michel Lioure.
97. MARIVAUX : *La Surprise de l'amour* suivi de *La Seconde Surprise de l'amour*. Édition présentée et établie par Henri Coulet.

98. Jean GENET : *Haute surveillance*. Édition présentée et établie par Michel Corvin.

99. LESSING : *Nathan le Sage*. Édition et traduction nouvelle de Dominique Lurcel.

100. Henry de MONTHERLANT : *La Reine morte*. Édition présentée et établie par Marie-Claude Hubert.

101. Pierre CORNEILLE : *La Place Royale*. Édition présentée et établie par Jean Serroy.

102. Luigi PIRANDELLO : *Chacun à sa manière*. Édition de Mario Fusco. Traduction de Michel Arnaud.

103. Jean RACINE : *Les Plaideurs*. Édition présentée et établie par Georges Forestier.

104. Jean RACINE : *Esther*. Édition présentée et établie par Georges Forestier.

105. Jean ANOUILH : *Le Voyageur sans bagage*. Édition présentée et établie par Bernard Beugnot.

106. Robert GARNIER : *Les Juives*. Édition présentée et établie par Michel Jeanneret.

107. Alexandre OSTROVSKI : *L'Orage*. Édition et traduction nouvelle de Françoise Flamant.

108. Nathalie SARRAUTE : *Isma*. Édition présentée et établie par Arnaud Rykner.

109. Victor HUGO : *Lucrèce Borgia*. Édition présentée et établie par Clélia Anfray.

110. Jean ANOUILH : *La Sauvage*. Édition présentée et établie par Bernard Beugnot.

111. Albert CAMUS : *Les Justes*. Édition présentée et établie par Pierre-Louis Rey.

112. Alfred de MUSSET : *Lorenzaccio*. Édition présentée et établie par Bertrand Marchal.

113. MARIVAUX : *Les Sincères* suivi de *Les Acteurs de bonne foi*. Édition présentée et établie par Henri Coulet.

114. Eugène IONESCO : *Jacques ou la Soumission* suivi de *L'avenir est dans les œufs*. Édition présentée et établie par Marie-Claude Hubert.

115. Marguerite DURAS : *Le Square*. Édition présentée et établie par Arnaud Rykner.

116. William SHAKESPEARE : *Le Marchand de Venise*. Édition de Gisèle Venet. Traduction de Jean-Michel Déprats. Édition bilingue.

117. Valère NOVARINA : *L'Acte inconnu*. Édition présentée et établie par Michel Corvin.

118. Pierre CORNEILLE : *Nicomède*. Édition présentée et établie par Jean Serroy.

119. Jean GENET : *Le Bagne*. Préface de Michel Corvin. Édition de Michel Corvin et Albert Dichy.

120. Eugène LABICHE : *Un chapeau de paille d'Italie*. Édition présentée et établie par Robert Abirached.

121. Eugène IONESCO : *Macbett*. Édition présentée et établie par Marie-Claude Hubert.

122. Victor HUGO : *Le Roi s'amuse*. Édition présentée et établie par Clélia Anfray.

123. Albert CAMUS : *Les Possédés* (adaptation du roman de Dostoïevski). Édition présentée et établie par Pierre-Louis Rey.

124. Jean ANOUILH : *Becket ou l'Honneur de Dieu*. Édition présentée et établie par Bernard Beugnot.

125. Alfred de MUSSET : *On ne badine pas avec l'amour*. Édition présentée et établie par Bertrand Marchal.

126. Alfred de MUSSET : *La Nuit vénitienne. Le Chandelier. Un caprice. Il faut qu'une porte soit ouverte ou fermée*. Édition présentée et établie par Frank Lestringant.

127. Jean GENET : *Splendid's* suivi de « *Elle* ». Édition présentée et établie par Michel Corvin.

128. Alfred de MUSSET : *Il ne faut jurer de rien* suivi de *On ne*

saurait penser à tout. Édition présentée et établie par Sylvain Ledda.

129. Jean RACINE : *La Thébaïde ou les Frères ennemis*. Édition présentée et établie par Georges Forestier.

130. Georg BÜCHNER : *Woyzeck*. Édition de Patrice Pavis. Traduction de Philippe Ivernel et Patrice Pavis. Édition bilingue.

131. Paul CLAUDEL : *L'Échange*. Édition présentée et établie par Michel Lioure.

132. SOPHOCLE : *Antigone*. Préface de Jean-Louis Backès. Traduction de Jean Grosjean. Notes de Raphaël Dreyfus.

133. Antonin ARTAUD : *Les Cenci*. Édition présentée et établie par Michel Corvin.

134. Georges FEYDEAU : *La Dame de chez Maxim*. Édition présentée et établie par Michel Corvin.

135. LOPE DE VEGA : *Le Chien du jardinier*. Traduction et édition de Frédéric Serralta.

136. Arthur ADAMOV : *Le Ping-Pong*. Édition présentée et établie par Gilles Ernst.

137. Marguerite DURAS : *Des journées entières dans les arbres*. Édition présentée et établie par Arnaud Rykner.

138. Denis DIDEROT : *Est-il bon ? Est-il méchant ?* Édition présentée et établie par Pierre Frantz.

139. Valère NOVARINA : *L'Opérette imaginaire*. Édition présentée et établie par Michel Corvin.

140. James JOYCE : *Exils*. Édition de Jean-Michel Rabaté. Traduction de Jean-Michel Déprats.

141. Georges FEYDEAU : *On purge Bébé !*. Édition présentée et établie par Michel Corvin.

142. Jean ANOUILH : *L'Invitation au château*. Édition présentée et établie par Bernard Beugnot.

143. Oscar WILDE : *L'Importance d'être constant*. Édition d'Alain Jumeau. Traduction de Jean-Michel Déprats.

144. Henrik IBSEN : *Une maison de poupée*. Édition et traduction de Régis Boyer.

145. Georges FEYDEAU : *Un fil à la patte*. Édition présentée et établie par Jean-Claude Yon.

146. Nicolas GOGOL : *Le Révizor*. Traduction d'André Barsacq. Édition de Michel Aucouturier.

147. MOLIÈRE : *George Dandin* suivi de *La Jalousie du Barbouillé*. Édition présentée et établie par Patrick Dandrey.

148. Albert CAMUS : *La Dévotion à la croix* [de Calderón]. Édition présentée et établie par Jean Canavaggio.

149. Albert CAMUS : *Un cas intéressant* [d'après Dino Buzzati]. Édition présentée et établie par Pierre-Louis Rey.

150. Victor HUGO : *Marie Tudor*. Édition présentée et établie par Clélia Anfray.

151. Jacques AUDIBERTI : *Quoat-Quoat*. Édition présentée et établie par Nelly Labère.

152. MOLIÈRE : *Le Médecin volant. Le Mariage forcé*. Édition présentée et établie par Bernard Beugnot.

153. William SHAKESPEARE : *Comme il vous plaira*. Édition de Gisèle Venet. Traduction de Jean-Michel Déprats.

154. SÉNÈQUE : *Médée*. Édition et traduction nouvelle de Blandine Le Callet.

155. Heinrich von KLEIST : *Le Prince de Hombourg*. Édition de Michel Corvin. Traduction de Pierre Deshusses et Irène Kuhn.

156. Miguel de CERVANTÈS : *Numance*. Traduction nouvelle et édition de Jean Canavaggio.

157. Alexandre DUMAS : *La Tour de Nesle*. Édition de Claude Schopp.

158. LESAGE, FUZELIER et D'ORNEVAL : *Le Théâtre de la Foire, ou l'Opéra-comique* (choix de pièces des années 1720 et 1721 : *Arlequin roi des Ogres, ou les Bottes de sept lieues*,

Prologue de La Forêt de Dodone, La Forêt de Dodone, La Tête-Noire). Édition présentée et établie par Dominique Lurcel.

159. Jean GIRAUDOUX : *La guerre de Troie n'aura pas lieu*. Édition présentée et établie par Jacques Body.

160. MARIVAUX : *Le Prince travesti*. Édition présentée et établie par Henri Coulet.

161. Oscar WILDE : *Un mari idéal*. Édition d'Alain Jumeau. Traduction de Jean-Michel Déprats.

162. Henrik IBSEN : *Peer Gynt*. Édition et traduction de François Regnault.

163. Anton TCHÉKHOV : *Platonov*. Édition de Roger Grenier. Traduction d'Elsa Triolet.

164. William SHAKESPEARE : *Peines d'amour perdues*. Édition de Gisèle Venet. Traduction de Jean-Michel Déprats.

165. Paul CLAUDEL : *L'Otage*. Édition présentée et établie par Michel Lioure.

166. VOLTAIRE : *Zaïre*. Édition présentée et établie par Pierre Frantz.

167. Federico GARCÍA LORCA : *La Maison de Bernarda Alba*. Édition et traduction nouvelle d'Albert Bensoussan.

168. Eugène LABICHE : *Le Prix Martin*. Édition présentée et établie par Jean-Claude Yon.

169. Eugène IONESCO : *Voyages chez les morts*. Édition présentée et établie par Marie-Claude Hubert.

170. Albert CAMUS : *Requiem pour une nonne* [d'après William Faulkner]. Édition présentée et établie par Pierre-Louis Rey.

171. Ben JONSON : *Volpone ou le Renard*. Édition et traduction de Michèle Willems.

172. Arthur SCHNITZLER : *La Ronde*. Édition et traduction d'Anne Longuet Marx.

173. MARIVAUX : *Le Petit-maître corrigé*. Édition présentée et établie par Henri Coulet et Michel Gilot.

*Composition Nord Compo
Impression Maury Imprimeur
45330 Malesherbes
le 4 novembre 2016.
Dépôt légal : novembre 2016.
Numéro d'imprimeur : 213056.*

ISBN 978-2-07-269705-0. / Imprimé en France.

308360